KB216448

섭씨 0도에 꼬리 잘린 호랑이

저학년 STEAM 스쿨 ③ 생활 과학

섭씨 0도에 꼬리 잘린 호랑이

초판 1쇄 발행 2013년 3월 28일 | **초판 5쇄 발행** 2020년 9월 15일
글 그림 백명식
펴낸이 김명희
책임편집 이정은 | **디자인** 신영미
펴낸곳 다봄 | **등록** 2011년 6월 15일 제 2020-000029호
주소 서울시 광진구 아차산로 51길 11 4층
전화 070-4117-0120 | **팩스** 0303-0948-0120
전자우편 | dabombook@hanmail.net

ISBN 979-11-85018-00-3 64710

이 도서의 국립중앙도서관 출판시도서목록(CIP)은 서지정보유통지원시스템 홈페이지(http://seoji.nl.go.kr)와 국가자료공동목록시스템(http://www.nl.go.kr/kolisnet)에서 이용하실 수 있습니다.(CIP제어번호: CIP2013001477)

*책값은 뒤표지에 표시되어 있습니다.
*파본이나 잘못된 책은 구입한 곳에서 바꿔드립니다.

품명 아동 도서 **사용연령** 8세 이상
제조국 대한민국 **제조년월** 2020년 9월 15일
제조자명 다봄 **연락처** 070-4117-0120
주소 서울시 광진구 아차산로 51길 11 4층
주의사항 종이에 베이거나 긁히지 않도록 조심하세요.
책 모서리가 날카로우니 던지거나 떨어뜨리지 마세요.
KC마크는 이 제품이 공통안전기준에 적합하였음을 의미합니다.

저학년
STEAM
스쿨 ③
생활 과학

섭씨 0도에 꼬리 잘린 호랑이

글 그림 **백명식**

다봄

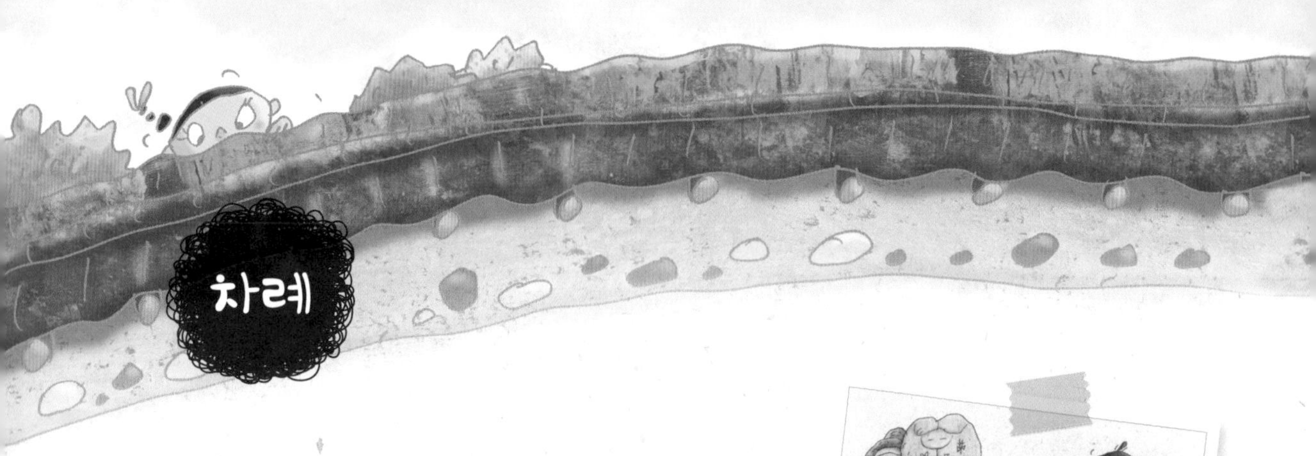

차례

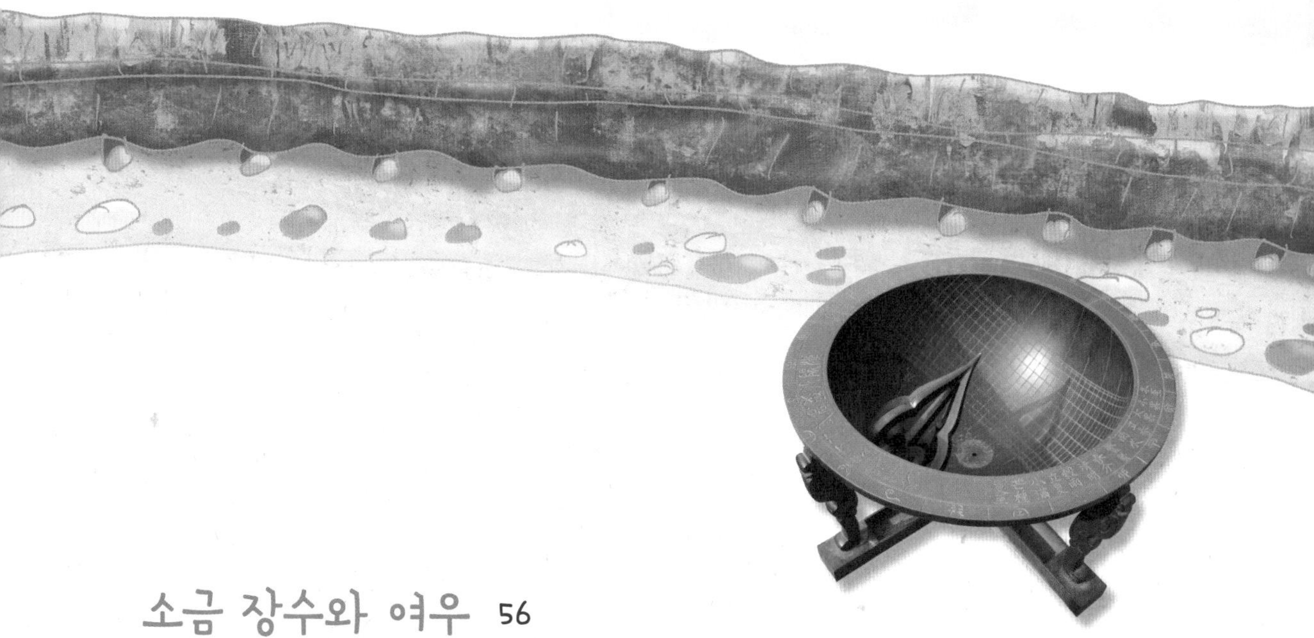

〈섭씨 0도에 꼬리 잘린 호랑이〉 100배 즐기는 법~!

❶ 전래 동화

재미난 전래 동화를 읽어요.
그림만 봐도 웃음이 킥킥,
재미가 솔솔~!

꼬리 잘린 호랑이

옛날 깊고 깊은 산속에서 호랑이와 토끼가 마주쳤어.
"어흥! 너 참 잘 만났다. 내 점심밥이 되어 줘야겠어!"
호랑이는 입을 쫙 벌리고 토끼를 향해 달려들었어.
"어! 호랑이 님, 저같이 조그만 것을 잡아먹어 봤자
배도 부르지 않을 거예요. 저 대신 아주 맛난 떡을 드릴게요."
호랑이는 귀가 솔깃했지.
토끼는 돌멩이를 주워 와 불을 피워 놓고 달구기 시작했어.

"호랑이 님, 조금만 기다리세요.
돌멩이가 익으면 쫄깃쫄깃 맛난 인절미가 된답니다."
"그래? 인절미가 된다구? 맛있겠군. 쩝쩝."
토끼는 불이 꺼질까 봐 호호 불며 열심히 돌을 달구었어.
호랑이는 그 옆에서 침을 뚝뚝 흘리며 돌멩이가 익기만을 기다렸지. 흠흠!
그런데 갑자기 토끼가 자기 머리를 탁 치며 말했어.
"아참! 인절미는 꿀을 발라 먹어야 제맛인데!
제가 얼른 마을에 가서 꿀을 얻어 올게요."
토끼는 잽싸게 깡충깡충 산 아래로 줄행랑을 쳤어.
멍청한 호랑이는 토끼가 올 때까지 기다렸지. 그런데 토끼가 다시 올 리가 있나?
참다못한 호랑이는 달궈진 돌멩이를 하나 집어 날름 삼켜 버렸지 뭐야.
"앗, 뜨거워~!!!"
돌멩이는 호랑이 입안은 물론이고 배 속을 이리저리 돌아다니며 다 지져 버렸어.
호랑이는 눈앞이 노래지며 그만 기절해 버렸지.

❷ 톡톡 과학 양념

전래 동화를 읽다가
궁금한 과학 상식을 배워요.
짧지만 아주 알찬
내용들로 가득해요.

날이 점점 더 추워졌어. 호랑이는 너무 추워 견딜 수가 없었지.
'안 되겠다. 조금이라도 꺼내 먹어야겠어.'
호랑이는 엉덩이를 들썩이며 꼬리를 들어 올렸어.

그런데 이게 웬일? 글쎄 물속에 잠긴 꼬리가 얼어붙어 버린 거야.
아무리 잡아당겨도 얼어붙은 꼬리는 빠지지가 않았지.
호랑이는 있는 힘껏 앞으로 내달렸어.
'뚝' 하는 소리와 함께 꼬리가 잘린 호랑이가 앞으로 곤두박질쳤어.
"아이쿠! 내 꼬리! 내 꼬리가 없어졌어."
호랑이는 엉엉 울며 숲 속으로 들어가 버렸지.
그날이 지나고부터는 토끼를 만나면 오히려 호랑이가 도망을 쳤다고 해.

톡톡 과학 양념
얼음이 어는 온도와 녹는 온도?
얼음이 어는 온도로 섭씨 0도야. 이 온도를 어는점이라고 해. 그런데 얼음이 녹는 온도도 섭씨 0도란다. 이건 녹는점이라고 해. 즉, 물의 어는점과 녹는점은 섭씨 0도로 같아.

39

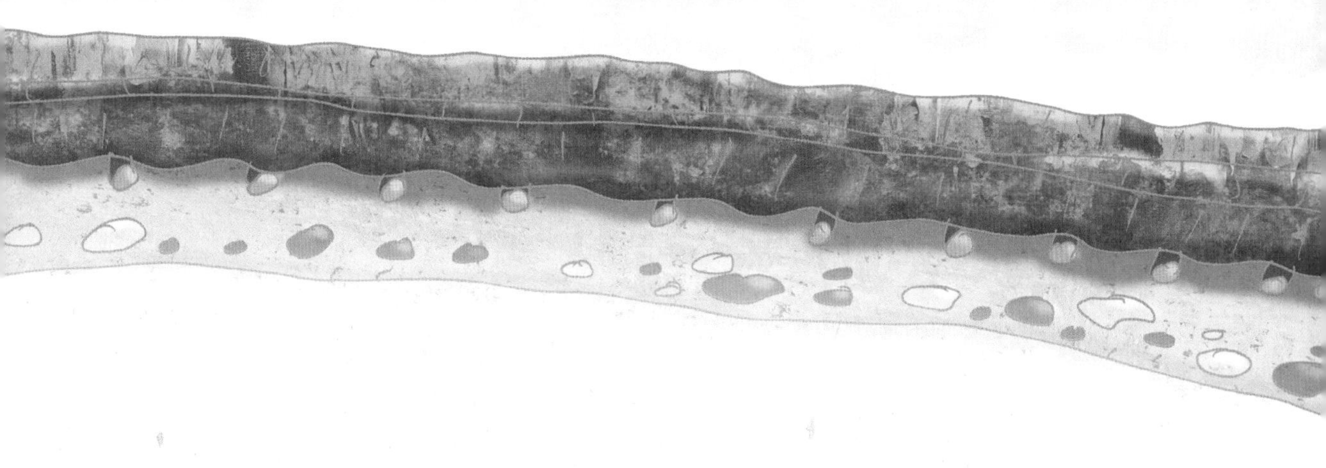

이야기 속 숨은 과학

얼음은 왜 얼까?

물은 분자라는 단위로 되어 있어. 분자보다 작은 단위는 원자인데,
물 분자는 산소 원자 한 개와 수소 원자 두 개가 모여서 만들어진 거야.
그런데 물 분자들은 온도가 올라가면 활동이 활발해지고 온도가 내려가 추워지면
안 움직이려고 해. 그래서 온도가 올라가 활발하게 움직일 때는 물 분자들 사이의
간격이 넓고, 온도가 내려가 안 움직이려고 할 때는 간격이 좁아진단다.
특히 협동심과 단결력이 좋은 물 분자들은 추워지면 서로 합치려는 성질이 있어.
즉, 얼어 버리는 거지. 이때 아무렇게나 합치는 게 아니라 육각형 모양으로 합쳐.
이렇게 분자들이 규칙적으로 모여 있는 걸 '결정'이라고 해.

얼음은 눈으로 보기에는
딱딱한 고체이기 때문에 물 분자들이
꼼짝 않고 있을 거라고 생각될 거야.
하지만 사실 물 분자들은 조금씩 움직이고 있단다.
아주 조금씩 움직이기 때문에 사람의 눈에는 보이지 않는 거야.
그런데 얼음을 보면 조금 이상한 게 있어.
물은 투명한데, 물이 언 얼음은 불투명한 부분들이 있거든.
그건 바로 공기 때문이야.
공기가 물 분자 사이에 끼어 있기 때문에
불투명하게 보이는 거지.

③ 이야기 속 숨은 과학

전래 동화를 읽다 나온
과학 내용이 궁금했나요?
이야기 속에 나왔던
과학 지식에 대해서
꼼꼼하게 짚어 줍니다.

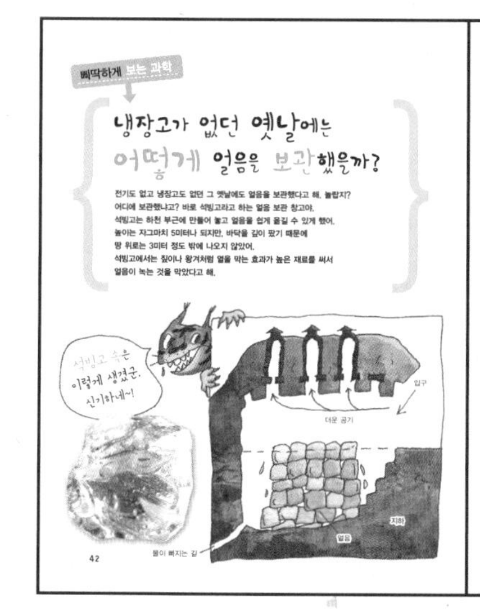

빼딱하게 보는 과학

냉장고가 없던 옛날에는 어떻게 얼음을 보관했을까?

전기도 없고 냉장고도 없던 그 옛날에도 얼음을 보관했다고 해. 놀랍지?
어디에 보관했냐고? 바로 석빙고라고 하는 얼음 보관 창고야.
석빙고는 하천 부근에 만들어 놓고 얼음을 쉽게 옮길 수 있게 했어.
높이는 자그마치 5미터나 되지만, 바닥을 깊이 팠기 때문에
땅 위로는 3미터 정도 밖에 나오지 않았어.
석빙고에서는 짚이나 왕겨처럼 열을 막는 효과가 높은 재료를 써서
얼음이 녹는 것을 막았다고 해.

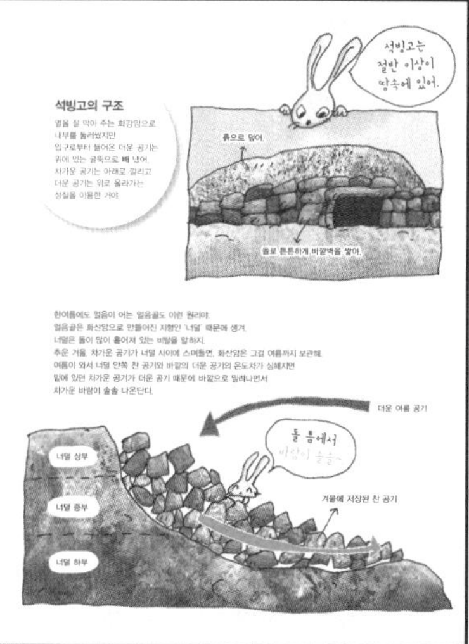

석빙고의 구조

열을 잘 막아 주는 화강암으로
내부를 둘러쌌지만
입구로부터 들어온 더운 공기는
위에 있는 굴뚝으로 빼 냈어.
차가운 공기는 아래로 깔리고
더운 공기는 위로 올라가는
성질을 이용한 거야.

한여름에도 얼음이 어는 얼음골도 이런 원리야.
얼음골은 화산암으로 만들어진 지형인 '너덜' 때문에 생겨.
너덜은 돌이 많이 흩어져 있는 비탈을 말하지.
추운 겨울, 차가운 공기가 너덜 사이에 스며들면, 화산암은 그걸 여름까지 보관해.
여름이 와서 너덜 안쪽 찬 공기와 바깥의 더운 공기의 온도차가 심해지면
밑에 있던 차가운 공기가 더운 공기 때문에 바깥으로 밀려나면서
차가운 바람이 솔솔 나온단다.

④ 삐딱하게 보는 과학

전래 동화 속에 나온
과학 내용을 살짝 삐딱하게
비틀어 볼까요?
한걸음 더 나아가서
새로운 과학 내용을 배워요.

호랑이 배 속에서 살아남기

옛날 금강산에 어마어마하게 큰 호랑이가 살고 있었어.
어찌나 큰지, 멧돼지도 한입에 꿀꺽 삼킬 정도야.
한번 '어흥' 하면 그 소리가 천둥 치는 것처럼 온 산을 쩌렁쩌렁 울렸지.
그런데 어느 날, 산길을 가던 소금 장수가
이 호랑이 놈을 만난 거야.

사… 살려
주세요!

호랑이는 입맛을 쩍쩍 다시며 다가왔어.
소금 장수가 도망을 가려 했지만 한입에 꿀꺽 먹혀 버렸지.
소금 장수는 순식간에 호랑이 몸속으로 들어갔어.

동굴처럼 생긴 곳으로 한없이 빨려 들어가다가
'철퍼덕' 하고 떨어져 그만 정신을 잃고 말았어.
"여보시오, 정신 차리시오."
누군가가 소금 장수를 흔들어 깨우는 것이었어.
얼떨결에 정신을 차리고 주위를 살펴보니
얼굴에 수염이 덥수룩하게 난 사람이
떡 하니 앉아 있는 거야.

"이제야 정신이 드시오? 나는 숯장수 박 서방이오."

"안녕하시오, 나는 소금 장수 백 서방이오."

"숯 만들 나무를 하러 왔다가 호랑이 놈에게 잡혀 먹혔다오."

둘은 한참을 이런저런 얘기를 나눴어. 그러다 보니 배가 고파지기 시작했지.

하지만 당장 먹을 것이 없었어.

이 궁리 저 궁리 하다가 마침내 숯장수가 무릎을 탁 치며 말했어.

"그렇지! 여기 이렇게 먹을 것이 천진데……."

"그게 뭐요?"

"여기 먹을 것이 널려 있잖소. 호랑이 내장 구이를 해 먹읍시다!"

"아이고, 참 좋은 생각이오. 그런데 불이 있어야 구워 먹지요."

"나한테 숯과 부싯돌이 있으니 걱정 마시오."

숯장수가 주머니를 뒤적거리더니 숯과 부싯돌을 꺼냈어.

둘은 옷 솜을 조금 뜯어내고 부싯돌로 불을 피웠어.

숯장수가 가지고 있던 숯에 불을 붙이자 훨훨 타기 시작했어.

칼로 주위의 내장을 도려내고 얼른 숯불에 올려놓았지.

기름이 '지글지글 자글자글.'

소금 장수가 소금을 꺼내 짭짤하게 간을 맞추니

세상에 이렇게 맛있는 숯불 구이가 또 있을까?

두 사람은 시간 가는 줄 모르고 고기를 배가 터지도록 먹었어.

두 사람이 이렇게 맛있는 식사를 하고 있는 동안 호랑이는 죽을 지경이었지.

배 속에서 살이 도려내지고 뜨거운 불이 지펴지고 있으니

얼마나 괴롭겠어.

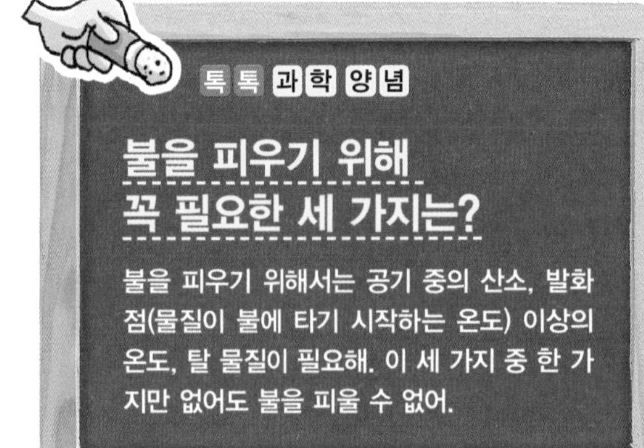

불을 피우기 위해 꼭 필요한 세 가지는?

불을 피우기 위해서는 공기 중의 산소, 발화점(물질이 불에 타기 시작하는 온도) 이상의 온도, 탈 물질이 필요해. 이 세 가지 중 한 가지만 없어도 불을 피울 수 없어.

이리 팔짝 저리 팔짝 뛰고, 떼굴떼굴 굴러도 보고,
입을 크게 벌려 헛구역질을 해 보아도 아무 소용이 없었어.
한참을 날뛰던 호랑이는 결국 낭떠러지로 떨어져 죽고 말았어.
소금 장수와 숯장수는 어떻게 되었냐고?
호랑이 똥을 잔뜩 뒤집어쓰고 똥구멍으로 엉금엉금 기어 나왔지.
산에서 내려가는 동안 두 사람은 서로 코를 막고 떨어져서 갔어.
왜 그랬을까?
서로에게서 나는 호랑이 똥 냄새가 아주 지독했거든.

이야기 속 숨은 과학

불을 피워 보자!

아주 오랜 옛날 원시인들은 처음엔 벼락으로 우연히 일어난 불을 이용했어. 그러다가 돌이나 마른 나뭇가지를 이용해 불을 일으키는 방법을 알게 되었지. 불을 피우는 방법에는 여러 가지가 있어. 우선, 부싯돌을 서로 부딪쳐 일어나는 불꽃을 이용해 불을 피우는 방법이 있어(그림1). 그리고 활을 이용해 송곳처럼 뾰족한 나무를 마른 나무에 대고 빠르게 회전시켜 그 마찰로 불을 피우는 방법도 있지(그림2). 구멍을 뚫은 나무에 나무 송곳을 끼우고 손을 비비듯이 빠르게 돌려 불을 피우는 방법도 있고(그림3), 홈이 파진 틈 속에 나무 부스러기를 넣고 나무 막대로 문질러 불을 피우는 방법도 있단다(그림4).

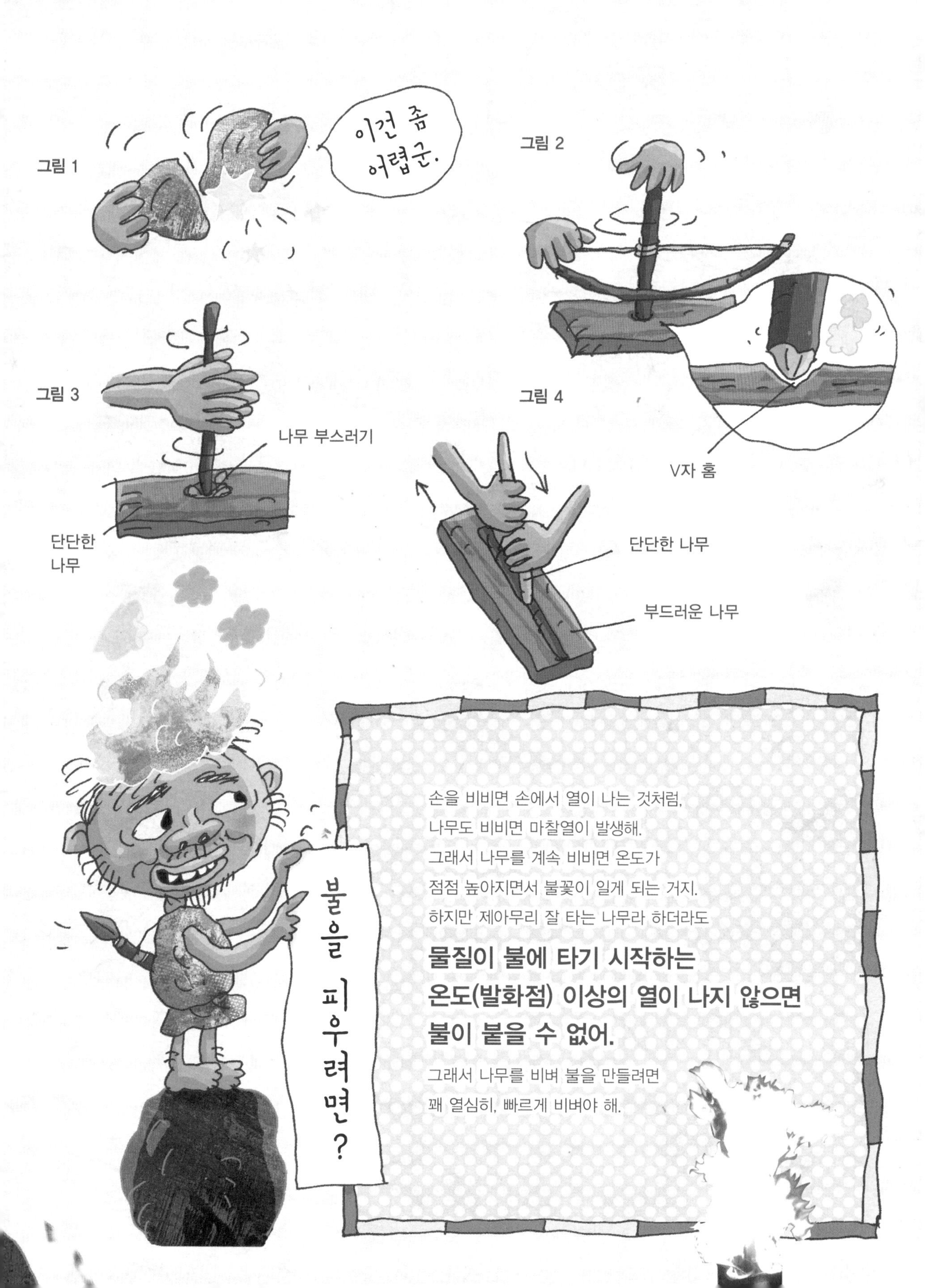

그림 1
이건 좀 어렵군.
그림 2
V자 홈
그림 3
나무 부스러기
단단한 나무
그림 4
단단한 나무
부드러운 나무
불을 피우려면?
손을 비비면 손에서 열이 나는 것처럼,
나무도 비비면 마찰열이 발생해.
그래서 나무를 계속 비비면 온도가
점점 높아지면서 불꽃이 일게 되는 거지.
하지만 제아무리 잘 타는 나무라 하더라도
물질이 불에 타기 시작하는
온도(발화점) 이상의 열이 나지 않으면
불이 붙을 수 없어.
그래서 나무를 비벼 불을 만들려면
꽤 열심히, 빠르게 비벼야 해.

삐딱하게 보는 과학

숯으로 전지 만들기

준비물 : 숯, 알루미늄 포일, 꼬마전구, 전선 2개, 나무젓가락, 물, 굵은 소금, 그릇, 종이 타월

가족들과 고깃집에서 숯불에 고기를 구워 먹어 본 적이 있니? 숯은 이야기 속에서처럼 불을 피우는 데에 주로 쓰여. 하지만 숯으로 전기를 일으킬 수도 있다는 사실! 건전지가 없이도 숯을 이용해 전구에 불을 켤 수 있어. 방법도 간단하다고~!

1. 그릇에 물을 담고 소금을 넣어 녹여.
더 이상 녹지 않을 때까지 말야.

축축한 종이 타월

숯

2. 종이 타월을 소금물에 충분히 적시고,
타월로 숯을 감싸. 숯의 양끝은 남겨 놓도록 해.

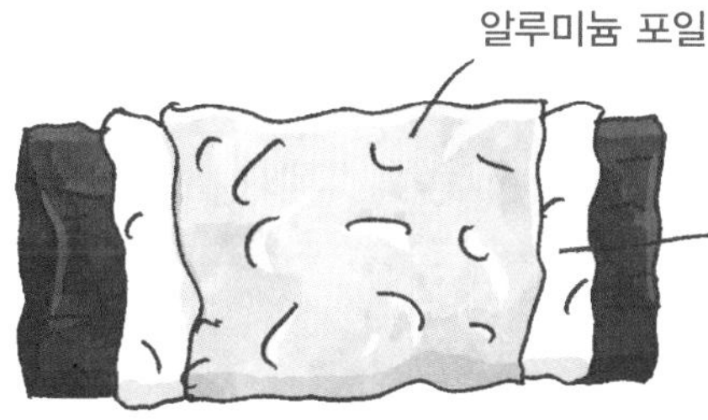

3. 알루미늄 포일로 종이 타월 위를 감싸.
숯이 알루미늄 포일에 닿지 않도록 주의해!

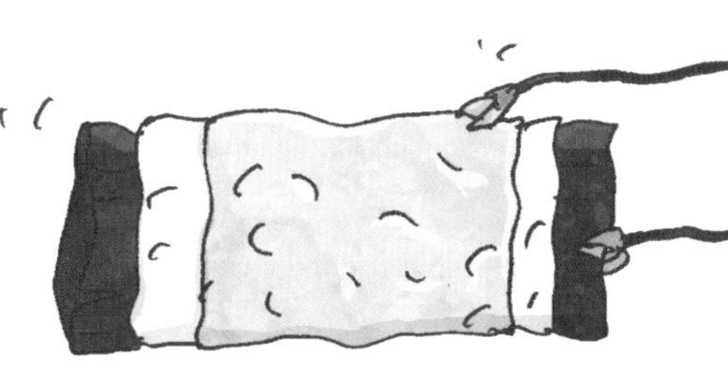

4. 전구에 연결한 전선을 각각 숯과 알루미늄
포일에 연결을 하면 끝! 불이 반짝 반짝!

숯 전지에 대해서 꼬치꼬치

나무는
산소, 수소, 탄소 등으로
이루어져 있어.

**높은 열로 태워
숯을 만들면
산소와 수소는
없어져 버리고
탄소만 남게 되지.**

이렇게 되면
전기가 통하지 않는
나무와 달리 숯은 전기가
통할 수 있게 된단다.

반짝!
반짝!

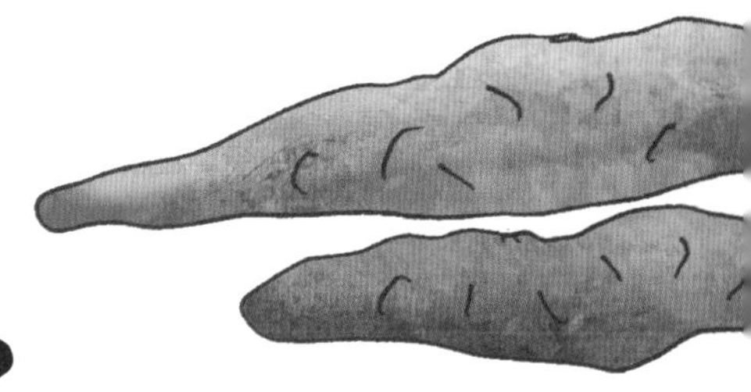

고춧가루라는 글자?

옛날 평안도 어느 마을에서 일어난 일이야.
한여름, 삼복더위라 참 더운 날이었어.
마을 원님과 마을에서 방귀깨나 뀐다는 양반들이
시원한 정자에 모여 더위를 식히고 있었지.
할 일 없이 주안상 차려 놓고 글이나 읊으며 노닥거리고 있던 거야.
헌데 농사짓는 백성들이야 오죽이나 바빠?
밭에 거름 주랴, 논에 물 대랴, 자란 벼들 틈의 피 뽑으랴…….
이렇게 바쁜 백성들을 구경만 하며 한가하게
입방정만 떨고 있던 양반들 앞에 웬 봇짐장수가 떡 하니 나타났어.
"높으신 분들 노시는 곳에 미천한 것이
감히 여쭐 것이 있어 이렇게 찾아왔습니다."

그래도 모인 양반들 중에 제일 높은 자리에 있는 마을 원님이 짐짓 부드럽게 말을 했지.

"그래, 무슨 일 때문에 그러는가?"

"예, 저는 이 마을 저 마을로 고춧가루를 팔러 다니는 고춧가루 장수입니다. 그런데 오늘 장사 문서를 언문으로 썼다 하여 곤장을 죽도록 맞았지 뭡니까요. 너무 억울하여 이렇게 아뢰는 것입니다요."

'언문'은 '한글'을 낮춰 부르는 말이거든.

삼복은 무엇일까?

삼복은 초복, 중복, 말복을 말해. 음력 6월에서 7월 사이에 있고, 열흘 간격이야. 삼복 기간이 가장 더운 때이기 때문에, 몹시 더운 날을 '삼복더위'라고 해.

고춧가루 장수의 하소연을 듣고 난 원님은 오히려 더 나무랐어.

“맞을 짓을 했구나. 어찌 진서를 쓰지 않고 언문을 썼느냐?”

‘진서’는 ‘한문’을 높여 부르는 말이야.

그러자 고춧가루 장수는 얼른 대답을 했지.

“소인은 워낙 무식한지라 진서를 쓰지 못하옵니다.

‘고춧가루’라는 말을 진서로 어떻게 쓰는 것인지 가르쳐 주시기 바랍니다.”

아, 이러는 게 아니겠어. 원님은 갑자기 말문이 탁 막혀 버렸어.

다른 양반들도 꿀 먹은 벙어리가 된 채 뒤통수만 긁적거리고 있었지.

그도 그럴 것이, 자기들이 배운 논어, 맹자, 대학,
중용 이런 책에는 '고춧가루'라는 말이 없거든.
하지만 명색이 양반들인데 모른다고 하면
어디 체면이 서겠어?
가르쳐 주긴 해야 할 텐데 뭐라고
가르쳐 줘야 할지 도통 생각이 나질 않았어.
서로 헛기침만 하고 눈치만 보고 있자니
식은땀이 줄줄 흐를 지경이었지.

마침 이 광경을 어떤 농부가 보게 되었어.
정자를 쳐다보며 허허허 하고 웃지 뭐야.
그렇지 않아도 하찮은 봇짐장수에게 체면이
깎일 대로 깎이고 있는 중인데 농사꾼까지 웃어 대니 죽을 맛이었지.
"어느 놈인데 감히 양반들 앞에서 웃어 대는 것이냐?"
원님은 화가 머리끝까지 나 호통을 쳤지.
그러자 농부가 성큼성큼 정자 위로 올라오는 거야.
"높으신 양반님들이 글을 몰라 말문이 막히는 걸 보고
어찌 안 웃을 수 있겠습니까? 비록 저는 무식한 농사꾼이지만
한자로 '고춧가루'쯤은 눈 감고도 쓸 수 있습니다."
양반들은 더 약이 올랐어.

원님은 옆에 있던 벼루와 붓을 농사꾼에게 던지듯이 밀며 소리를 질렀어.

"그래? 그럼 어디 한번 써 봐라.

만약 제대로 쓰지 못하면 큰 벌을 면치 못할 것이야!"

그러자 농부는 붓과 벼루를 슬쩍 옆으로 밀치고

허리춤에 차고 있던 호미를 꺼냈어.

“저에게는 먹과 붓이 필요 없습니다. 이 호미로 쓰겠습니다.”

이렇게 말하고는 호미로 바닥에 열십(十)자를 긋는 거야.

“자, 보시지요. 이렇게 고추(곧추,ㅣ)내려 그었으니 ‘고추’요,

이렇게 가루(가로,ㅡ)그었으니 ‘가루’가 아닙니까?”

옆에서 물끄러미 지켜보던 고춧가루 장수가 무릎을 탁 치며 감탄을 했어.

“옳지, 이게 바로 ‘고춧가루’라는 글씨네.

당신이야말로 진짜 글을 아는 사람이구려.”

고춧가루 장수와 농부는 껄껄 한바탕 웃더니

정자를 내려와 각자 길을 가 버렸어.

양반들은 다들 풀이 죽어 입맛만 쩝쩝 다셨지, 뭐.

이야기 속 숨은 과학

글자는 언제 생겼을까?

우리는 지금 당연하게 글자를 사용하고 있어. 지금 읽고 있는 책도 글자로 쓰여 있고 말이야. 하지만 글자가 생기기 전에는 그림을 그려서 자기 생각을 표현했다고 해. 그럼 우리 인간이 글자를 처음 쓰게 된 것은 언제부터일까? 도대체 글자는 언제부터 생긴 걸까? 사실, 글자가 언제부터 생겼는지 정확하게 알 수는 없어. 단지, 세계 4대 문명 중 하나인 메소포타미아 문명을 일으킨 수메르 사람들이 지금으로부터 약 5천 년 전에 만든 글자가 가장 오래된 것으로 알려져 있어. 가축의 수를 나타내기 위해 기호로 표시하기 시작한 거야. 하지만 지금도 세계 곳곳에서 글자 모양이 발견되고 있기 때문에 어느 것이 가장 오래된 글자인지는 더 연구해 봐야 해.

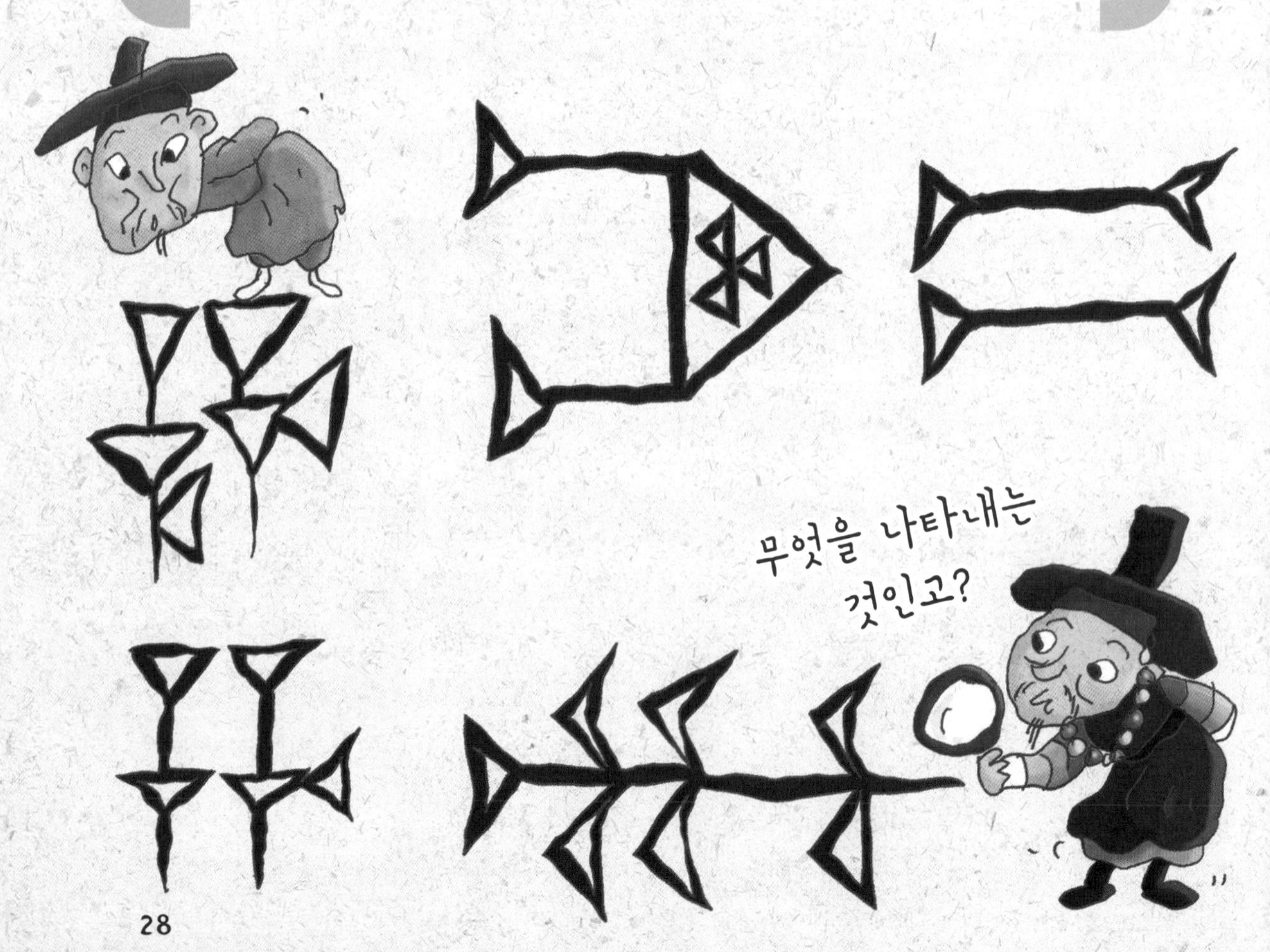

갑골문자

중국 은나라에서 점을 칠 때 썼던 문자인데,
거북의 등껍질이나 짐승의 뼈 위에 새겼다고 해서 갑골문자야.
갑(甲)은 등껍질, 골(骨)은 뼈를 나타내거든.
갑골문자로부터 한자가 비롯되었어.

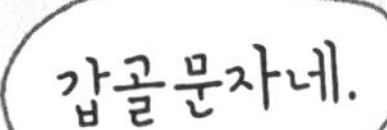

상형문자

어떤 물건이나 자연을 본떠 만든 문자를 상형문자라고 해.
한자 중에도 상형문자가 많은데,
특히 고대 이집트 상형문자는 지금까지도
뜻을 다 알지 못할 정도로 수수께끼에 싸여 있어.

쐐기문자

주로 곡물이나 짐승의 양을 표시한 기호 형태의 문자야.
쐐기문자를 처음 만든 수메르 사람들은
진흙을 굳혀서 만든 판에 문자를 새겨 넣었어.
쐐기 모양으로 되어 있어서 쐐기문자라고 해.

과학적인 우리말, 한글

모든 백성이
쉽게 배우도록
하여라.

한글은 세종대왕과 집현전 학자들이 모여 만들었어.
그때는 '훈민정음'이라고 불렀지.
지금의 '한글'이라는 이름은 1910년대에
대표적 국어학자인 주시경 선생님과 학자들이 붙인 거야.

한글은 다른 나라의 글자들과는 크게 다른 점이 있어.
바로 누가 만들었고, 언제 만들어졌고, 어떻게 만들었는지가
분명하다는 거야. 전 세계 글자 중에서 한글만이
그 질문들에 대한 확실한 답을 가지고 있어.
어때, 한글이 얼마나 특별한 글자인지 알겠지?

세종대왕이 백성을 사랑하는 마음으로 만든 글자인 한글.
한자를 어려워하는 백성들이 쉽게 배우고 쓸 수 있도록
만들어진 것이 한글이기 때문에 한글은 매우 쉽게
익힐 수 있는 글자야. 그래서 우리나라는 글을 읽고 쓰지
못하는 사람이 500명 중 1명 정도 밖에 안 된다고 해.
미국과 일본은 100명 중 1명, 한자를 쓰는 중국은
10명 중 1명이 글을 읽고 쓰지 못한다고 하니,
우리 한글이 얼마나 쉬운 글자인지 알 수 있어.

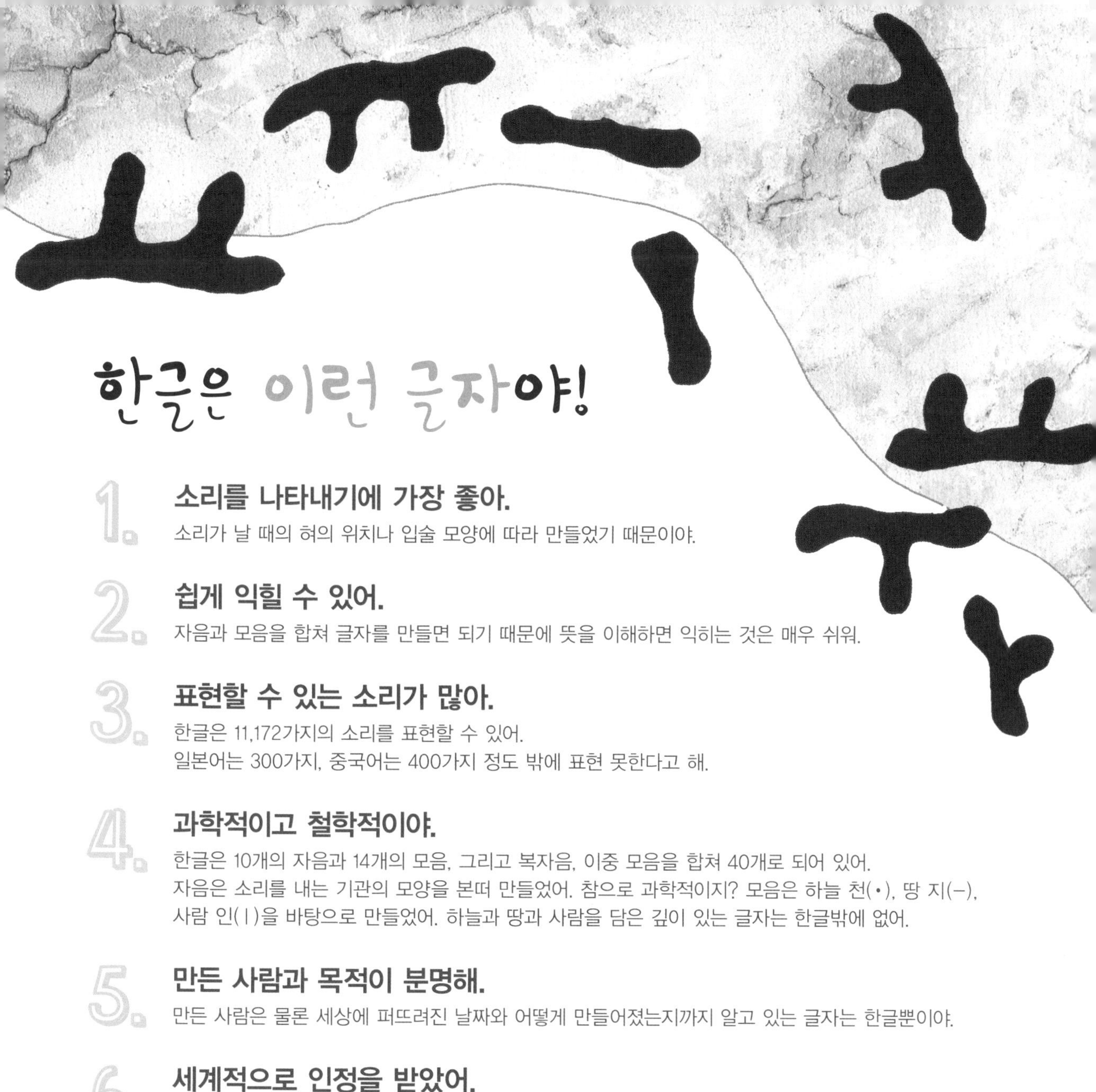

한글은 이런 글자야!

1. 소리를 나타내기에 가장 좋아.

소리가 날 때의 혀의 위치나 입술 모양에 따라 만들었기 때문이야.

2. 쉽게 익힐 수 있어.

자음과 모음을 합쳐 글자를 만들면 되기 때문에 뜻을 이해하면 익히는 것은 매우 쉬워.

3. 표현할 수 있는 소리가 많아.

한글은 11,172가지의 소리를 표현할 수 있어.
일본어는 300가지, 중국어는 400가지 정도 밖에 표현 못한다고 해.

4. 과학적이고 철학적이야.

한글은 10개의 자음과 14개의 모음, 그리고 복자음, 이중 모음을 합쳐 40개로 되어 있어.
자음은 소리를 내는 기관의 모양을 본떠 만들었어. 참으로 과학적이지? 모음은 하늘 천(•), 땅 지(ㅡ), 사람 인(ㅣ)을 바탕으로 만들었어. 하늘과 땅과 사람을 담은 깊이 있는 글자는 한글밖에 없어.

5. 만든 사람과 목적이 분명해.

만든 사람은 물론 세상에 퍼뜨려진 날짜와 어떻게 만들어졌는지까지 알고 있는 글자는 한글뿐이야.

6. 세계적으로 인정을 받았어.

유네스코는 1997년 10월 1일 훈민정음을 '세계 문화 유산'으로 정했어.
세계적으로 가치가 높은 인류의 유산들만이 세계 문화 유산으로 정해지니까 참 대단한 거지.

꼬리 잘린 호랑이

옛날 깊고 깊은 산속에서 호랑이와 토끼가 마주쳤어.
"어흥! 너 참 잘 만났다. 내 점심밥이 되어 줘야겠어!"
호랑이는 입을 쫙 벌리고 토끼를 향해 달려들었어.
"어! 호랑이 님, 저같이 조그만 것을 잡아먹어 봤자
배도 부르지 않을 거예요. 저 대신 아주 맛난 떡을 드릴게요."
호랑이는 귀가 솔깃했지.
토끼는 돌멩이를 주워 와 불을 피워 놓고 달구기 시작했어.

"호랑이 님, 조금만 기다리세요.
돌멩이가 익으면 쫄깃쫄깃 맛난 인절미가 된답니다."
"그래? 인절미가 된다구? 맛있겠군, 쩝쩝."
토끼는 불이 꺼질까 봐 호호 불며 열심히 돌을 달구었어.
호랑이는 그 옆에서 침을 뚝뚝 흘리며 돌멩이가 익기만을 기다렸지. 흠흠!
그런데 갑자기 토끼가 자기 머리를 탁 치며 말했어.
"아참! 인절미는 꿀을 발라 먹어야 제맛인데!
제가 얼른 마을에 가서 꿀을 얻어 올게요."
토끼는 잽싸게 깡충깡충 산 아래로 줄행랑을 쳤어.
멍청한 호랑이는 토끼가 올 때까지 기다렸지. 그런데 토끼가 다시 올 리가 있나?
참다못한 호랑이는 달궈진 돌멩이를 하나 집어 날름 삼켜 버렸지 뭐야.
"앗, 뜨거워~!!!"
돌멩이는 호랑이 입안은 물론이고 배 속을 이리저리 돌아다니며 다 지져 버렸어.
호랑이는 눈앞이 노래지며 그만 기절해 버렸지.

한참 후, 정신을 차린 호랑이는 다음에 토끼를 만나면
가만히 안 두겠다고 별렀어.
그런데 얼마 후 토끼를 또 만난 거야.
"이런 고얀 토끼 놈, 너 잘 만났다."
호랑이는 당장 잡아먹을 것처럼 입을 벌리고 토끼에게 달려들었어.
그러나 토끼는 정신을 가다듬고 말했어.
"호랑이 님, 저번 일은 잊어 주시고 한 번만 더 살려 주신다면
맛있는 참새고기를 실컷 드시게 해 드리겠습니다."
"참새고기라고? 좋아, 그럼 한 번만 더 네 말을 믿어 보마."
"호랑이 님, 저기 저 들판에 가서 눈을 감고 입만 떡 하니 벌리고 있으면
수백 마리 참새가 호랑이 님 입안으로 쑤욱쑥 들어갈 겁니다. 헤헤."

호랑이는 토끼가 시키는 대로 눈을 꼭 감고 입을 쫙 벌리고 서 있었지.
정말 멀리서 후드득 후드득 참새 날아오는 소리가 들렸어.
호랑이는 정말 기대가 됐어.
이 많은 참새들을 한꺼번에 먹을 수 있다니!
그런데 소리가 가까워질수록 엉덩이 쪽이 뜨뜻해지는 거야.
눈을 번쩍 떠 보니 사방이 온통 불바다였어.
글쎄, 그 소리는 마른풀이 불에 타는 소리였지 뭐야.
깜짝 놀란 호랑이는 죽어라 하고 달렸지. 꼬리에 불이 붙은 채로 말이야.
가까스로 물웅덩이에 '풍덩' 엉덩이를 담근 다음에야 겨우 살아났지.
'두고 보자, 괘씸한 토끼 놈! 다음에 만나면 가만히 안 둘 테다.'
호랑이는 이빨을 바득바득 갈며 벼르고 별렀어.

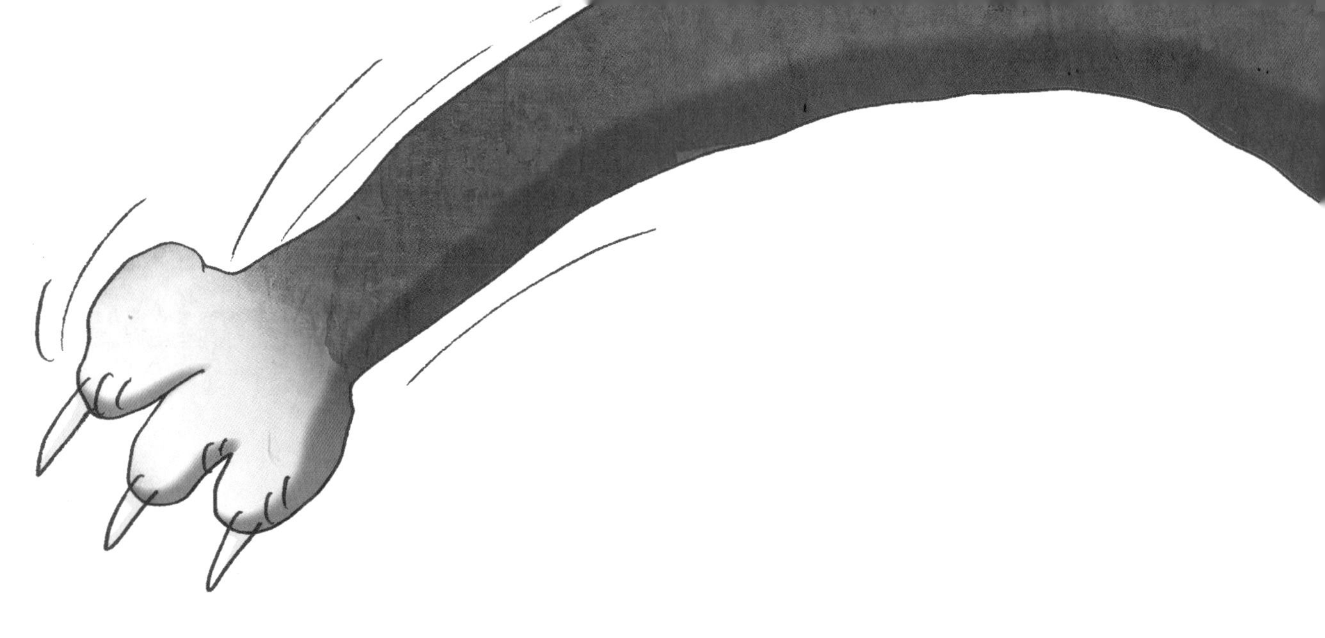

몇 달이 지났어.

바람이 쌩쌩 불고 눈이 펑펑 내리는 어느 겨울 날 호랑이는 다시 토끼를 만났어.

정말 운도 없는 토끼지?

“요런 고얀 토끼 놈아, 드디어 만났구나. 내가 널 얼마나 찾아다녔는지 아느냐?”

“호랑이 님, 그동안 안녕하셨어요. 제가 잘못했어요.

저도 호랑이 님과 헤어진 후 호랑이 님에게 무슨 선물을 해 드릴까 하고

밤낮으로 고민했는데, 이렇게 다시 뵙게 되어 너무나 기쁘답니다.”

“듣기 싫다. 이젠 두 번 다시 교활한 네 놈에게 안 속는다.”

그러자 토끼의 빨간 눈에 눈물이 그렁그렁 맺히는 거야.
토끼의 눈물을 보자 호랑이는 금세 마음이 약해졌어.
"그래, 생각한 것이 무엇이냐?"
"싱싱한 잉어를 선물해 드리겠습니다. 저만 따라오십시오."
호랑이는 토끼를 따라 호숫가로 갔어.
토끼는 돌멩이로 얼음을 깨뜨려 구멍을 내고 호랑이에게 꼬리를 담그라고 했어.
"자, 이제 조금만 기다리면 잉어들이 몰려와
호랑이 님 꼬리에 매달릴 것입니다.
그러면 그때 재빨리 꼬리를 꺼내 잉어들을 잡아 잡수시면 됩니다.
저는 잉어를 구울 나무를 구하러 갈 테니 잠시만 기다리세요."
토끼는 호랑이를 남겨 두고 냅다 도망갔어.

날이 점점 더 추워졌어. 호랑이는 너무 추워 견딜 수가 없었지.

'안 되겠다. 조금이라도 꺼내 먹어야겠어.'

호랑이는 엉덩이를 들썩이며 꼬리를 들어 올렸어.

호랑이 살려~!

그런데 이게 웬일? 글쎄 물속에 잠긴 꼬리가 얼어붙어 버린 거야.

아무리 잡아당겨도 얼어붙은 꼬리는 빠지지가 않았지.

호랑이는 있는 힘껏 앞으로 내달렸어.

'뚝' 하는 소리와 함께 꼬리가 잘린 호랑이가 앞으로 곤두박질쳤어.

"아이쿠! 내 꼬리! 내 꼬리가 없어졌어."

호랑이는 엉엉 울며 숲 속으로 들어가 버렸지.

그날이 지나고부터는 토끼를 만나면 오히려 호랑이가 도망을 쳤다고 해.

얼음이 어는 온도와 녹는 온도?

얼음이 어는 온도는 섭씨 0도야. 이 온도를 어는점이라고 해. 그런데 얼음이 녹는 온도도 섭씨 0도란다. 이건 녹는점이라고 해. 즉, 물의 어는점과 녹는점은 섭씨 0도로 같아.

이야기 속 숨은 과학

얼음은 왜 얼까?

물은 분자라는 단위로 되어 있어. 분자보다 작은 단위는 원자인데,
물 분자는 산소 원자 한 개와 수소 원자 두 개가 모여서 만들어진 거야.
그런데 물 분자들은 온도가 올라가면 활동이 활발해지고 온도가 내려가 추워지면 안 움직이려고 해. 그래서 온도가 올라가 활발하게 움직일 때는 물 분자들 사이의 간격이 넓고, 온도가 내려가 안 움직이려고 할 때는 간격이 좁아진단다.
특히 협동심과 단결력이 좋은 물 분자들은 추워지면 서로 합치려는 성질이 있어.
즉, 얼어 버리는 거지. 이때 아무렇게나 합치는 게 아니라 육각형 모양으로 합쳐.
이렇게 분자들이 규칙적으로 모여 있는 걸 '결정'이라고 해.

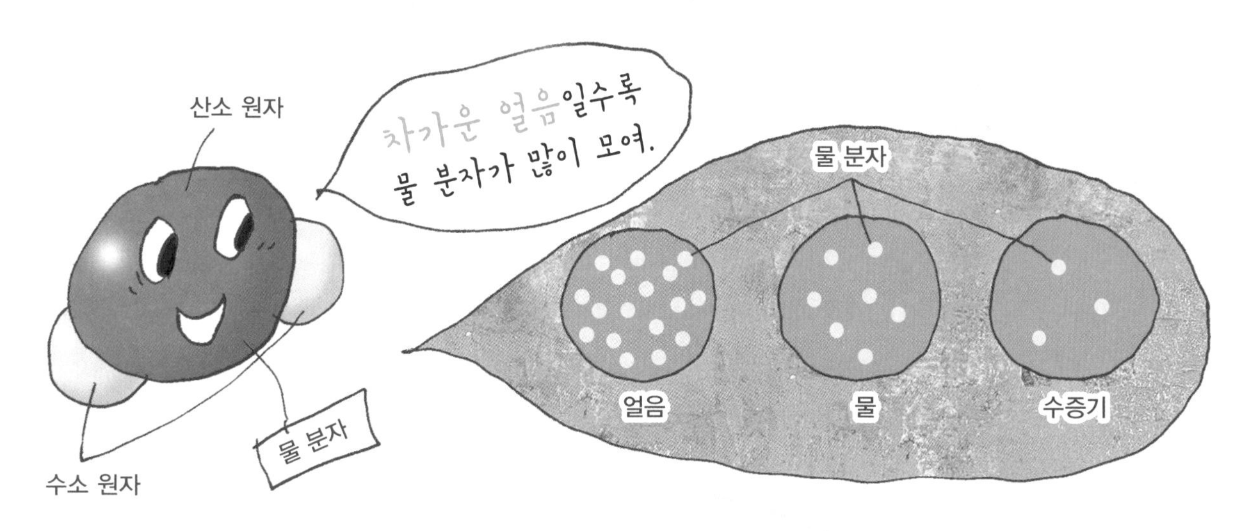

얼음은 눈으로 보기에는
딱딱한 고체이기 때문에 물 분자들이
꼼짝 않고 있을 거라고 생각될 거야.

하지만 사실 물 분자들은 조금씩 움직이고 있단다.

아주 조금씩 움직이기 때문에 사람의 눈에는 보이지 않는 거야.
그런데 얼음을 보면 조금 이상한 게 있어.
물은 투명한데, 물이 언 얼음은 불투명한 부분들이 있거든.
그건 바로 공기 때문이야.
공기가 물 분자 사이에 끼어 있기 때문에
불투명하게 보이는 거지.

빼딱하게 보는 과학

냉장고가 없던 옛날에는 어떻게 얼음을 보관했을까?

전기도 없고 냉장고도 없던 그 옛날에도 얼음을 보관했다고 해. 놀랍지?
어디에 보관했냐고? 바로 석빙고라고 하는 얼음 보관 창고야.
석빙고는 하천 부근에 만들어 놓고 얼음을 쉽게 옮길 수 있게 했어.
높이는 자그마치 5미터나 되지만, 바닥을 깊이 팠기 때문에
땅 위로는 3미터 정도 밖에 나오지 않았어.
석빙고에서는 짚이나 왕겨처럼 열을 막는 효과가 높은 재료를 써서
얼음이 녹는 것을 막았다고 해.

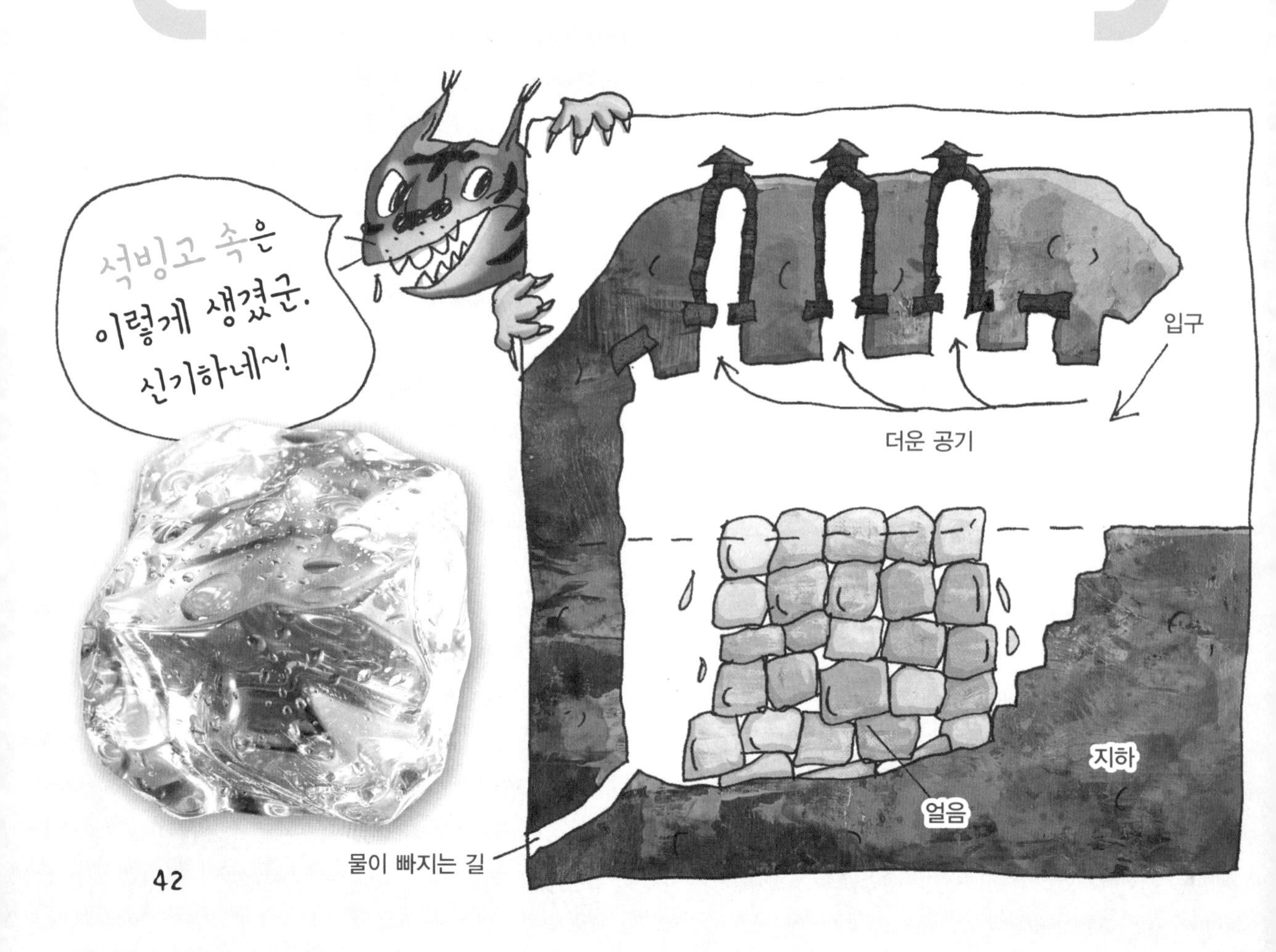

석빙고의 구조

열을 잘 막아 주는 화강암으로
내부를 둘러쌌지만
입구로부터 들어온 더운 공기는
위에 있는 굴뚝으로 빼 냈어.
차가운 공기는 아래로 깔리고
더운 공기는 위로 올라가는
성질을 이용한 거야.

한여름에도 얼음이 어는 얼음골도 이런 원리야.
얼음골은 화산암으로 만들어진 지형인 '너덜' 때문에 생겨.
너덜은 돌이 많이 흩어져 있는 비탈을 말하지.
추운 겨울, 차가운 공기가 너덜 사이에 스며들면, 화산암은 그걸 여름까지 보관해.
여름이 와서 너덜 안쪽 찬 공기와 바깥의 더운 공기의 온도차가 심해지면
밑에 있던 차가운 공기가 더운 공기 때문에 바깥으로 밀려나면서
차가운 바람이 솔솔 나온단다.

촛불이 너무 뜨거워

옛날 어느 마을에 김 서방이라는 사람이 살고 있었어.
어느 날 김 서방은 모처럼 서울로 나들이를 갔지.
저녁이 되자 출출해 주막에 들러 국밥을 한 그릇 시켜 먹고 있었어.
그런데 주막에 처음 보는 불빛이 보이는 거야.
"허 참! 신기하구나. 가래떡처럼 생긴 것에서 어찌 저리도
환한 불빛이 만들어진단 말인고!"

김 서방은 주막집 아주머니를 불러 물었어.

"이보시오, 주인장. 저기 저 가래떡처럼 보이는 것이
도대체 무엇이기에 저렇게 밝은 불이 켜진단 말이오."

"그건 '초'라는 것인데 심지 끝에다 불을 붙이면 저렇게 밝은 빛을 내지요."

"정말 신기하구먼. 날이 밝는 대로 나도 몇 자루 사 가지고 가야겠다."

다음 날 김 서방은 초 몇 자루를 사 가지고 집으로 돌아왔지.

김 서방은 친구들을 모아 놓고 잘난 체하며 이야기를 시작했어.

톡톡 과학 양념

초의 불꽃

촛불은 겉불꽃과 속불꽃, 불꽃심으로 나뉘어. 겉불꽃이 약 1400도로 가장 뜨겁지. 하지만 밝기는 속불꽃이 가장 밝아.

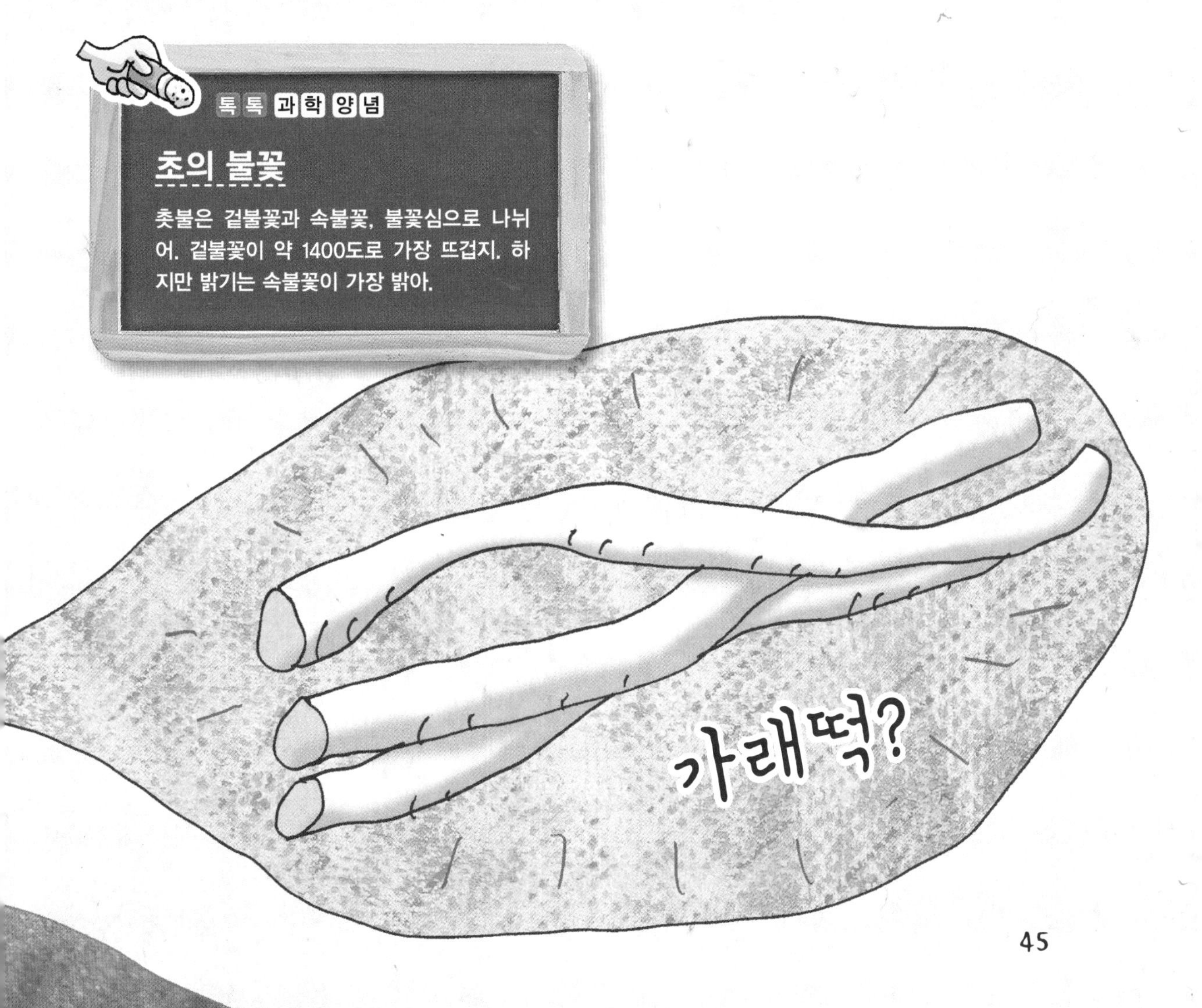

"에헴, 내가 이번에 서울 가서 아주 귀한 물건을 사 왔네.
자, 하나씩 나눠 가지게."

김 서방은 초를 친구들에게 하나씩 주고는 아무 말 없이 휭 하고 가 버렸어.

도대체 이 물건이 어디다 쓰는 걸까?

사람들은 황당했지.

잘난 척하고 휙 가 버린 김 서방에게 달려가 물어보기는 자존심 상해 싫고,

그래서 마을에서 제일 글을 많이 아는 똑똑한 훈장님에게로 달려갔어.

그런데 훈장님도 생전 처음 보는 물건인 거라.

'음! 이게 도대체 뭘까?

모른다고 하면 내 체면이 말이 아니겠고…….'

훈장님은 참으로 난감했지.

'에라, 모르겠다.

우선 내 체면이나 살리고 봐야겠다.'

"이 사람들아, 이것도 모르나?
이건 뱅어라는 물고기를 바짝 말린 걸세.
요기 요 삐죽 나온 건 뱅어 수염이고
요 밑의 구멍은 뱅어 똥구멍일세."
"그럼, 이걸 어떻게 먹나요?"
"이런 답답한 사람 봤나.
쓱쓱 썰어서 국을 끓여 먹는 게지.
잠시들 기다리게. 내 마누라에게 시켜
당장 뱅어 국을 끓여 줄 테니."
잠시 후, 훈장님 부인이
국을 한상 차려 내왔어.
그런데 국이 좀 이상한 거야.
기름이 동동 뜨고 걸쭉한 것이
아무래도 꺼림칙했어.

"이런 촌스런 사람들 같으니라구.

자! 나처럼 고춧가루를 좀 넣고 훌훌 불어 가며 마시면 되네."

훈장님은 후루룩 한 대접을 다 마셔 버렸어.

그걸 보고 다른 사람들도 따라 마셨지.

"아! 잘 먹었다." 훈장님이 수염을 쓰다듬으며 말을 하자

다들 맛있게 먹었다고 훈장님께 인사를 했어.

하지만 속은 미칠 지경이야. 텁텁하고 느끼하고…….
사람들이 훈장님 집을 나서는데 마침 김 서방을 만났어.
"여보게, 자네가 서울서 사 온 맛있는 뱅어포 우리가 잘 끓여 먹었네."
"뭐라고? 그건 뱅어포가 아니라 불을 켜는 초야, 초란 말일세."
"그럼 우리가 불을 삼켰단 말인가? 이거 큰일 났구먼."
김 서방의 말에 사람들은 배를 잡고 구르기 시작했어.
그러자 안에서 이 말을 듣고 있던 훈장님이 맨발로 뛰쳐나오며 소리쳤어.
"다들 무엇 하고 있소. 배 속의 불을 끄려면 어서 물로 뛰어들어야지."
훈장님은 맨발로 냇가로 달리기 시작했어.
그러자 사람들도 냅다 뛰었지.
풍덩! 풍덩!
모두들 물속으로 뛰어들었어.
그 뒤로 이 마을에서는 함부로 잘난 척하는 사람이 없어졌대.

으악~!
앗, 뜨거워~!
풍덩~!

이야기 속 숨은 과학

초를 만들어 보자!

준비물 : 파라핀 조각, 나무젓가락, 심지(무명실), 종이컵, 그릇

이야기 속에 나오는 것처럼 하얗고 긴 초 말고, 초에는 여러 가지 모양이 있어. 장식용으로 사용해도 예쁜 초! 파라핀만 있으면 집에서도 쉽게 만들 수가 있어. 크레파스를 파라핀과 같이 녹이면, 원하는 색깔의 초를 만들 수도 있으니 도전해 봐!

①파라핀 조각을 준비한다.

②쪼개지 않은 나무젓가락을 이용해 실로 만든 심지를 종이컵에 세운다.

③못 쓰는 그릇(타지 않는 그릇)에 파라핀을 넣고 끓인다.

④녹인 파라핀을 천천히 종이컵에 붓는다.

⑤파라핀이 굳으면 종이컵을 과감하게 찢어 버린다.

초에 불을 켜 본 적이 있니?
불을 켜면 그 열 때문에 녹아서 촛농이 떨어지지.
딱딱한 초(고체)였다가 열에 의해
촛농(액체)으로 변하는 거야.

양초는 언제부터 사용했을까?

양초가 사용된 역사적인 기록은 정확히 없어.
하지만 그리스 유적이나 중국의 분묘에서
촛대가 발견된 것으로 보아

기원전 3세기에도 초를
사용했던 것으로 짐작할 수 있지.

그 후 유럽에서는 1800년도 초부터
양초를 만들어 사용했어.
이때부터 기계를 이용해
대량으로 만들어 내기 시작했단다.

유리

필라멘트

지지대

꼭지쇠

꼭지

그놈~. 참 밝다.

빼딱하게 보는 과학

에디슨이 만든 전구

에디슨은 1878년에 처음 전구를 연구하기 시작했어. 전류가 통하면 열과 빛을 내는 필라멘트를 무엇으로 만드느냐가 문제였지. 처음에 만든 필라멘트는 종이였는데, 10분 정도 빛을 내고 꺼져 버렸어. 다음에는 무명실을 이용했지만 역시 실패했어. 1년 후, 탄소 필라멘트를 만들어 40시간 이상이나 빛을 낼 수 있었어. 하지만 더 좋은 필라멘트 재료를 찾던 중 대나무로 만든 필라멘트로 백열전등을 만들어 10년 동안 사용했지. 그 후 텅스텐 필라멘트 전구가 만들어져 누구나 전구를 사용할 수 있게 되었단다.

전구는 크기와 종류가 여러 가지이지만 보통 위의 사진과 같은 구조로 되어 있어. 전구에 불이 켜지려면 전지의 두 극이 각각 전구의 꼭지와 꼭지쇠에 연결되어 있어야 해.

전지의 기본 원리

전기를 발생시키는
장치인 전지.
간단한 실험을 통해서
전지의 원리를 알 수 있어.
은판과 아연판 사이에
소금물이나 알칼리 용액을
채운 다음, 은판과 아연판을
전선으로 연결하면
전류가 흐른단다.

건전지 속이 궁금해!

우리가 흔히 보는 건전지는 망간건전지야.
겉모양은 원통 모양이나 사각기둥 모양으로 되어 있지.
그럼 건전지 속은 어떻게 이루어져 있을까?
우선 가운데에 (+)극인 탄소 막대가 있고,
윗부분은 녹슬지 않는 금속으로 싸여 있어.
탄소 막대 주위는 이산화망간, 흑연 가루,
염화암모늄을 섞은 것이 채워져 있고,
그 바깥쪽은 염화암모늄을 충분히 흡수시킨
종이로 싸여 있어. 그리고 바깥쪽은
아연으로 된 (−)극 원통으로 되어 있지.

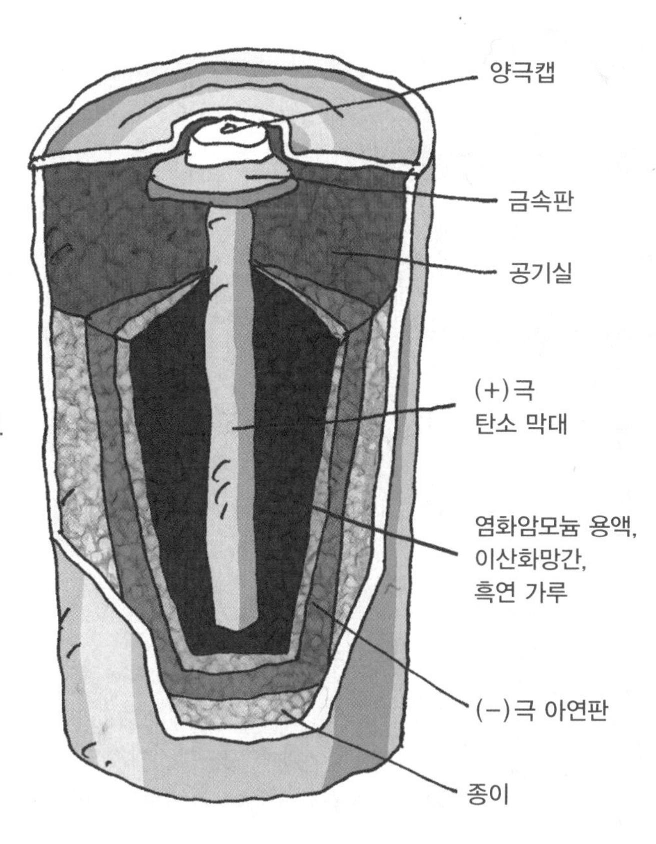

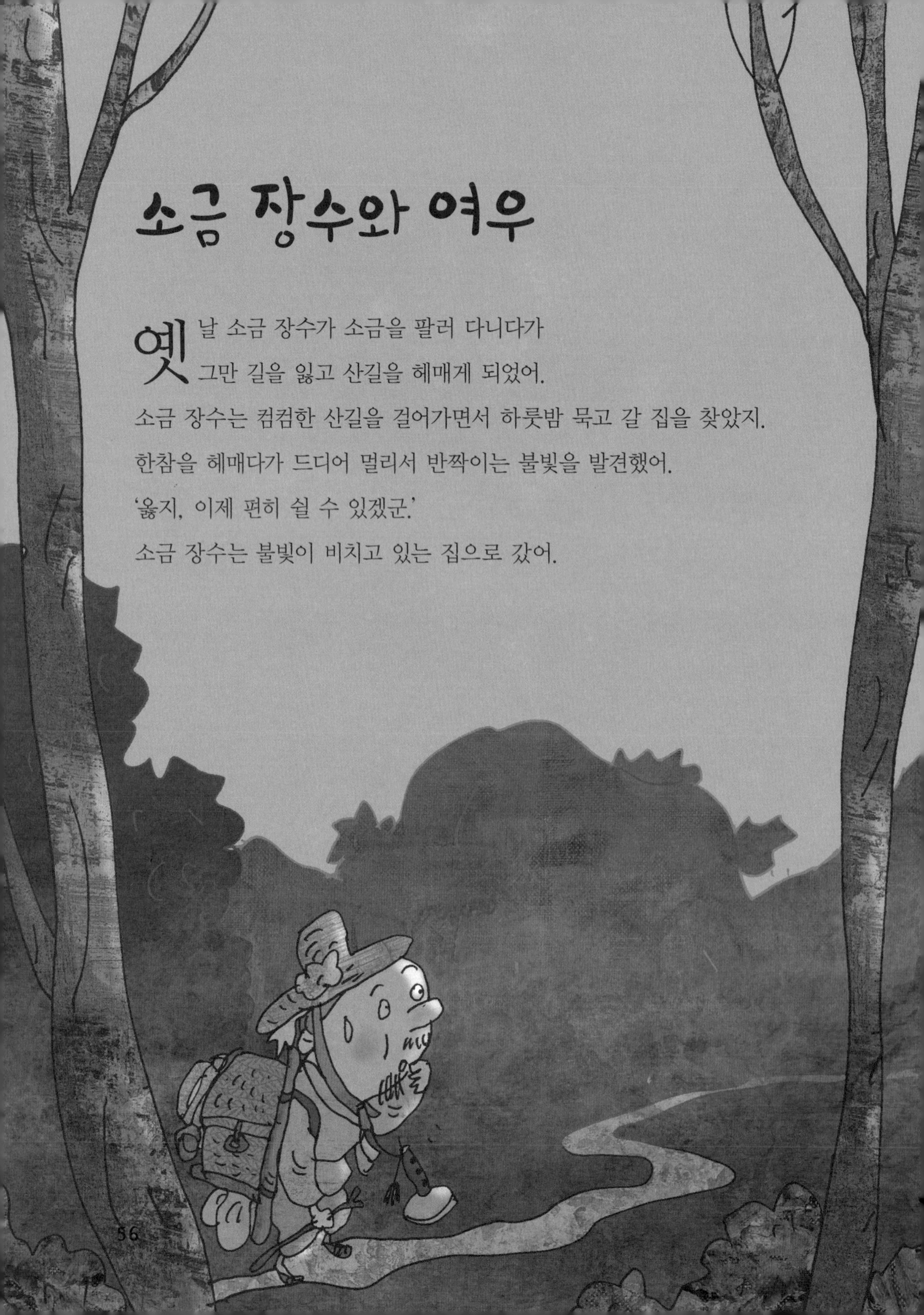

소금 장수와 여우

옛날 소금 장수가 소금을 팔러 다니다가 그만 길을 잃고 산길을 헤매게 되었어.

소금 장수는 컴컴한 산길을 걸어가면서 하룻밤 묵고 갈 집을 찾았지.

한참을 헤매다가 드디어 멀리서 반짝이는 불빛을 발견했어.

'옳지, 이제 편히 쉴 수 있겠군.'

소금 장수는 불빛이 비치고 있는 집으로 갔어.

"주인장, 하룻밤만 신세 좀 지겠습니다."

문을 두드리자 어떤 할머니가 문을 열어 주는 것이었어.

"어서 오시구려. 방은 있으니 편히 자고 가시오."

할머니는 상냥하게 소금 장수를 맞아 주었어.

밤이 점점 깊어 갔어.

그런데 할머니가 불을 끄고 어서 자라고 재촉을 하는 거야.

소금 장수는 뭔가 불안한 마음에 잠이 오지 않았어.

그래서 자는 척하고 있으려니까,

얼마 후 할머니가 코를 골며 먼저 잠이 들었어.

그런데 이게 웬일? 할머니 치마 밑으로 여우 꼬리가 쑥 나와 있는 거야.
'이런! 큰일 났구나. 여우 집으로 들어왔네.'
소금 장수는 몸이 사시나무 떨듯 떨렸어.
하지만 곧 좋은 생각이 났지.
나팔 불기를 좋아하는 소금 장수는
항상 나팔과 징 그리고 꽹과리를 가지고 다녔거든.
그래서 징과 꽹과리를 재빨리 자고 있는 여우의 꼬리와 등에 잡아맸어.
살그머니 밖으로 나온 소금 장수는 집 옆 나무 위로 올라갔어.
그리고 여우가 자고 있는 집을 향해 힘껏 나팔을 불기 시작했지.
자다가 깜짝 놀란 여우가 벌떡 일어나자
등에 매달려 있던 꽹과리가 요란하게 울렸어.

톡톡 과학 양념

멸종 위기 동물 사라져 가는 여우

개와 비슷한 동물인 여우는 주로 산에 살지만, 사람들이 사는 곳과 가까운 숲이나 초원에 살기도 해. 우리나라에서는 멸종 위기 동물로 지정되어 보호받고 있어.

더욱 놀라 펄쩍 뛰자 이번에는
꼬리에 달린 묵직한 징이 커다란 소리로 징징 울렸지.
여우는 징과 꽹과리의 소리에 정신이 어질어질했어.
이리 뛰고 저리 뛰고 난리 법석을 떠니 징과 꽹과리는 더욱 요란한 소리를 냈어.
결국 여우는 정신을 잃고 죽어 버렸네.
덕분에 소금 장수는 무사히 살아 집으로 돌아갈 수 있었어.

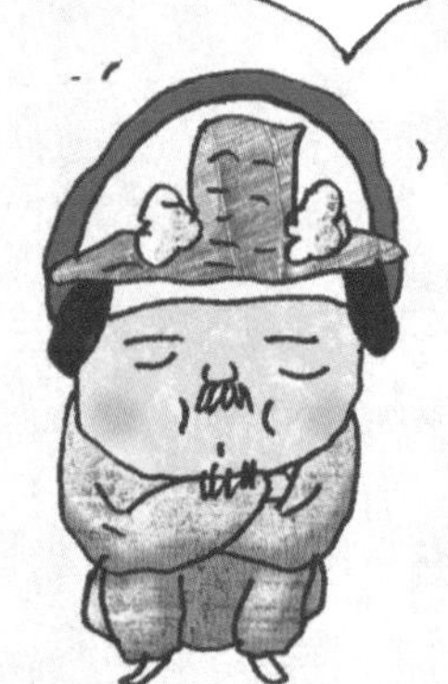

이야기 속 숨은 과학

세상에 소리가 없다면?

요란한 징과 꽹과리 소리로 여우를 물리친 소금 장수의 이야기를 보았지?
자다가 갑자기 큰 소리가 나면 깜짝 놀랄 수밖에 없을 거야.
하지만 그렇다고 해서 세상에 소리가 없다면 너무 답답하겠지.
사람들의 말소리, 노래 소리, 강아지가 짖는 소리, 새들의 지저귐 등
세상에 소리가 없다면 너무 심심할 거야.

3대 요소	결정하는 요인	단위
세기 (크기)	진폭	db (데시벨)
높낮이	진동수	Hz (헤르츠)
맵시 (음색)	파형 (파장의 모양)	

그럼 소리는 어떻게 전달될까?

소리를 전달하는 데 꼭 필요한 것은 무얼까? 바로 공기야.
공기가 없으면 아무리 천둥소리만 하게 큰 소리로 떠들어도 들리지 않아.
그래서 공기가 없는 우주 공간에서는 소리가 들리지 않는단다.
만약 우주에서도 소리가 들린다면, 별들이 움직이면서 내는 굉장히 큰 소리 때문에
우리는 견딜 수 없을지도 몰라. 이처럼 소리는 그것을 전달해 주는 물질이 있어야 해.
그렇다고 해서 공기만 소리를 전달해 주는 것은 아니야.
물이나 나무, 흙, 유리 같은 것들도 소리를 전달해 줘.
전달하는 물질에 따라 전달하는 속도도 다르단다.

소리의 세기와 소리의 높이

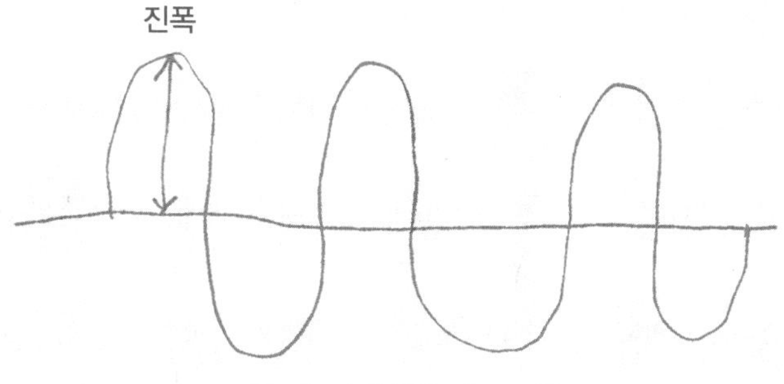

큰 소리 (진폭이 크다)

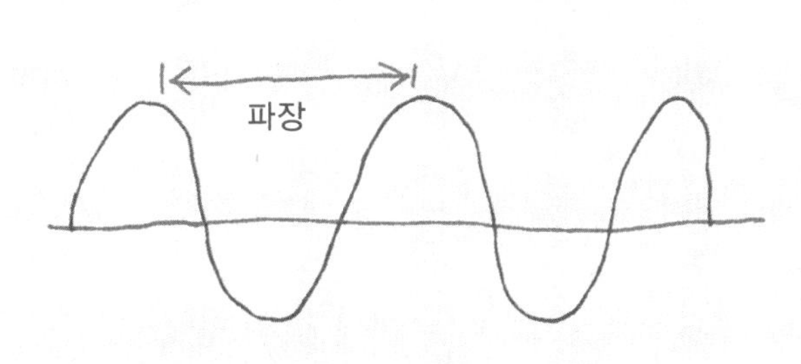

낮은 소리 (파장이 크다)

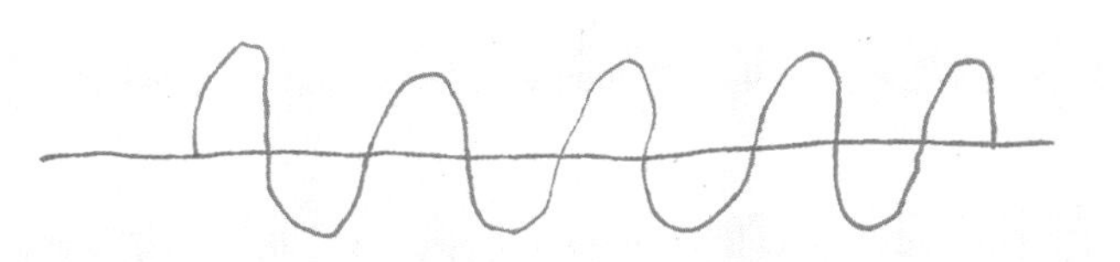
작은 소리 (진폭이 작다)

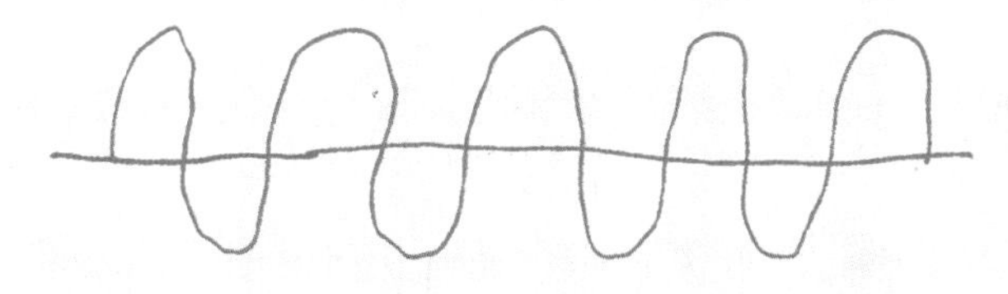
높은 소리 (파장이 작다)

빼딱하게 보는 과학

전화기의 원리는 뭐지?

길거리를 가다 보면 휴대 전화를 사용하는 사람들이 참 많아.
이제 전화는 우리 생활에서는 없어서는 안 될 중요한 물건이 되었지.
이러한 전화를 처음 발명한 것은 이탈리아의 안토니오 무치야.
미국의 그레이엄 벨이라고 알고 있는 친구들도 많지? 벨이 특허를 먼저 받은 것일 뿐,
먼저 만든 것은 무치야. 처음의 전화기는 목소리의 '진동'이 진동판을 움직여서
이것이 전선을 타고 상대방의 진동판을 움직여 소리를 전달하는 원리였어.
하지만 소리가 또렷하게 들리지 않았지. 그러다가 에디슨이 훨씬 소리가 잘 들리는
전화기를 발명했어. 전화기에서 우리가 소리를 듣는 부분은 수화기,
말하는 부분은 송화기라고 해. 우리가 송화기에 대고 말을 하면 그 소리를
전기 신호로 바꿔서 전선을 타고 전화국을 거쳐서 상대방의 전화로 전해져.
그러면 상대방의 수화기가 이 전기 신호를 다시 소리로 바꿔 주는 거야.

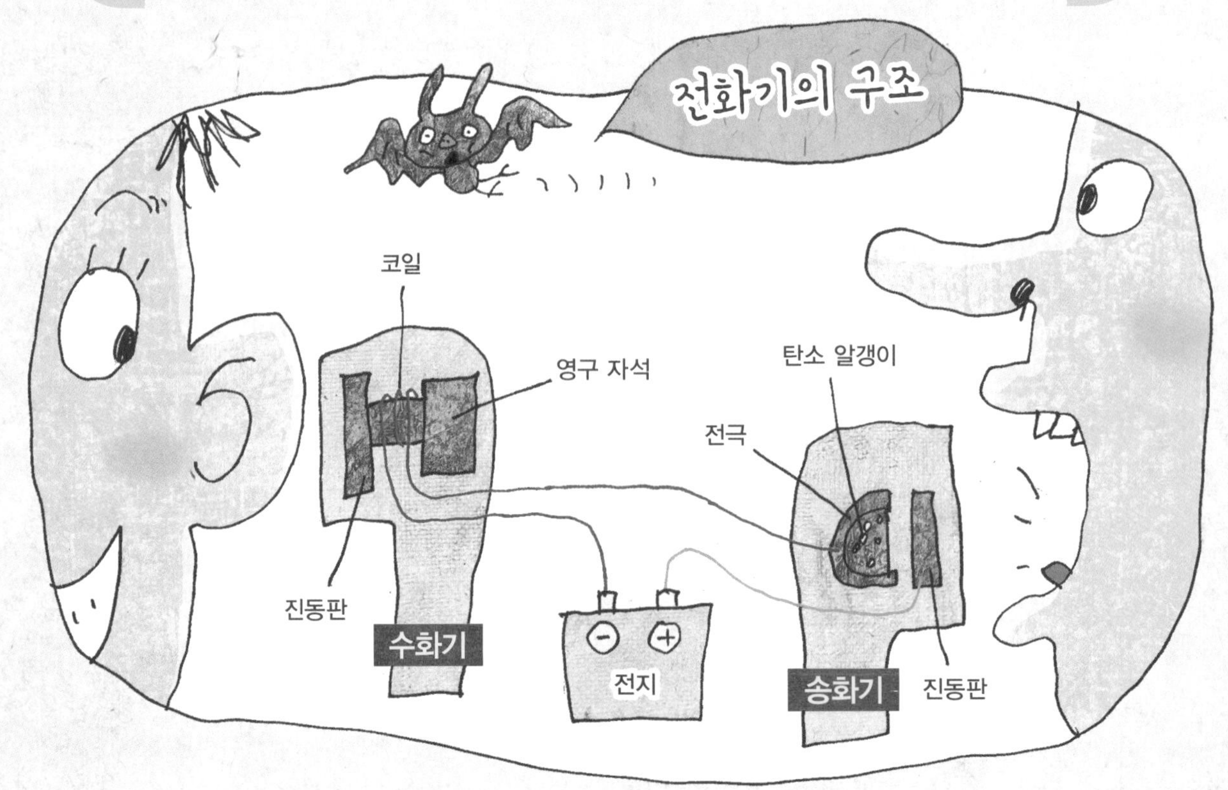

우리가 전화를 하거나
텔레비전을 볼 수 있는 것은 전파 덕분이야.

비행기나 배가 사용하는 레이더도 전파를 이용한 거야.
전파가 멀리까지 잘 전달되는 힘을 이용해서 소리나 텔레비전의 신호를 전달하는 거거든.
우리가 손전등을 비출 때, 중간에 어떤 물건에 부딪치면 빛은 더 이상 나아가지 못해.
하지만 전파는 빛과 달리 산을 넘고 바다를 건넌단다. 산이나 건물에 부딪쳐도 반사되거든.
물론 약해지기는 하지만 말이야. 전파를 쏘면 지구를 둘러싼 대기층 꼭대기에 있는
'전리층'이라는 곳에 부딪쳐서 전파가 반사되고,
다시 땅 위에 부딪쳐 반사되는 식으로 멀리까지 나아갈 수 있어.
땅속이나 물속에서도 전파 수신이 가능해.
그래서 깊은 물속에서 활동하는 잠수함도 통신을 주고받을 수 있는 거야.

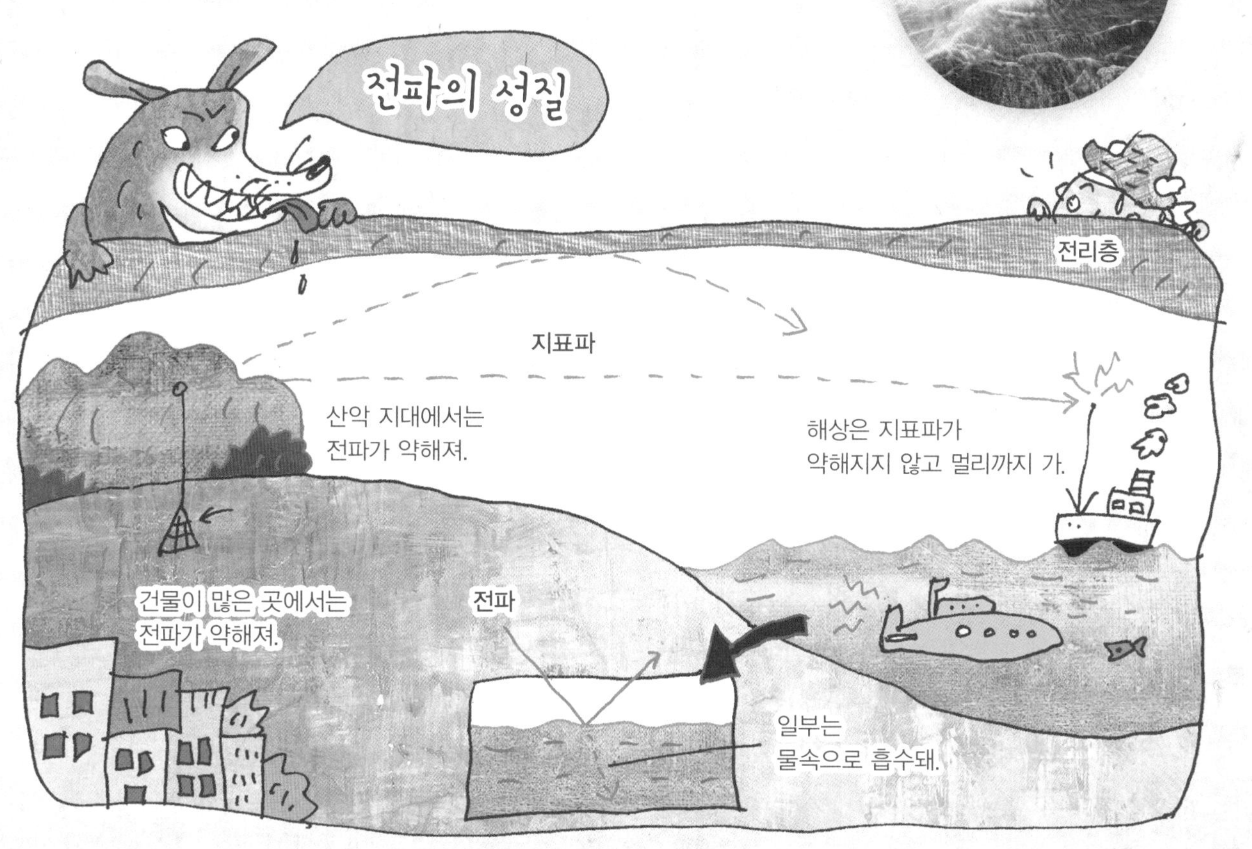

방아 찧는 호랑이

옛날 어느 깊은 산골에 젊은 부부가
어린 남매를 데리고 살았어.

하루는 친척 집에 잔치가 있어 부부는 친척 집에 가게 되었어.

"맛있는 떡하고 고기 많이 얻어 올 테니 이 감자나 구워 먹고 있어라."

부부는 감자 한 소쿠리를 내주고 친척 집으로 갔어.

남매가 오순도순 화롯불에 감자를 구워 먹고 있는데

집채만 한 호랑이 한 마리가 어슬렁어슬렁 내려온 거야.

집 주위를 어슬렁거리며 보니

아이들 둘이 맛있게 감자를 먹고 있는 게 아니겠어.

'출출하던 참에 잘 됐다.

저 감자도 먹고 아이들도 잡아먹어야지. 히히.'

호랑이는 입맛을 쩝쩝 다시면서

슬쩍 앞발을 문 안쪽으로 내밀었지.

"에구머니, 호랑이 발이네."
누이동생이 무서워 발을 동동 굴렀어.
그러자 오라비가 얼른 반짇고리를 가져와
호랑이 발바닥을 바늘로 콕콕 찔렀지.
"어이쿠, 따가워!"
화들짝 놀란 호랑이가 기겁을 하며 물러났어.

'안 되겠다. 다른 곳으로 들어가야지.'

호랑이가 솥뚜껑만 한 눈을 굴리며 들어갈 곳을 찾았지.

마침 아궁이가 눈에 띄었어.

'옳지! 저리로 들어가면 되겠군.'

호랑이는 아궁이로 쑥 들어갔어.

아궁이 속으로 들어가 구들장을 뚫고 방 안으로 들어가려는 속셈이었지.

오누이가 바깥을 살펴보니

아, 글쎄 호랑이 꼬리가 아궁이 밖으로 나와 살랑거리는 게 아니겠어.

오라비는 얼른 젖은 짚단에 불을 붙여 집어넣었어.

젖은 짚단을 태우면 연기가 무척 많이 나거든.

'콜록콜록' 아궁이 속에 있던 호랑이는 눈도 제대로 못 뜨고 연신 기침을 해 댔지.

참다못한 호랑이가 밖으로 나왔어.

호랑이는 다시 집 주위를 빙빙 돌기 시작했어.

"옳지, 지붕 위로 올라가 뚫고 내려가야겠다."

오누이가 밖이 궁금하여 문틈으로 살짝 내다보니 호랑이가 보이지 않았어.

이제 살았구나 하고 생각하는데 갑자기 지붕이 뻥 뚫리면서

호랑이 뒷다리가 쑤욱 내려오는 것이 아니겠어.

이번에도 오라비가 얼른 화롯불 속에서 감자를 꺼내 호랑이 발바닥에 갖다 댔어.

"어이쿠, 뜨거워."

호랑이가 깜짝 놀라 발을 들어 올렸어. 그리고 다시 천천히 발을 내렸어.

이때다 하고 오라비가 뜨거운 감자를 호랑이 발바닥에 또 갖다 댔지.

"어이쿠, 뜨거워."

호랑이는 또 냉큼 발을 들어 올렸어.

톡톡 과학 양념

피부에 있는 여러 종류의 감각 세포

피부에는 따뜻함을 느끼는 온각, 어떤 물체가 닿았는지 느낄 수 있는 촉각, 누르는 힘을 느낄 수 있는 압각, 차가움을 느끼는 냉각, 뾰족한 것으로 찔리면 느끼는 통각이 있어.

조금 있다가 다시 발을 슬그머니 내리고,

또 뜨거우니까 다시 올리고…….

이렇게 지붕에서 발을 올렸다 내렸다만 하고 있는 거야.

꼭 절굿공이로 방아를 찧는 것처럼 말이지.

"호호호, 우스워라. 호랑이가 방아를 찧네."

누이동생이 호랑이 하는 꼴을 보고는 배를 잡고 웃어 댔어.

오라비가 가만히 생각에 잠기더니 말했어.

"엄마가 방아 찧으려고 놓아둔 좁쌀 좀 내와."

누이동생이 좁쌀을 가져왔지.

오라비는 좁쌀을 화롯불에 뜨겁게 달구어서 호랑이 발밑에 슬쩍 갖다 놓았어.

호랑이는 발밑이 아까보다 더 뜨겁거든.

그러니 아까보다 더 빠르게 발을 들었다 놨다 하는 수밖에.

그 바람에 좁쌀은 보기 좋게 잘 찧어졌지.

저녁이 되어 부부가 돌아와 보니 지붕 위에 커다란 호랑이가 축 늘어져 있었어.

방 안에는 아이들이 좁쌀 닷 말을 깔끔하게 잘 찧어 놓았고 말이야.

"얘들아, 어떻게 이 많은 좁쌀을 다 찧었니?"

"호랑이가 발로 다 찧어 주었는걸요."

오누이네는 하루 종일 방아질로 힘이 빠져 죽어 버린 호랑이를 팔아

그 돈으로 잘 먹고 잘 살았대.

이야기 속 숨은 과학

불에 탈 때는 꼭 연기가 날까?

웬, 연기지?

어떤 물질을 불에 태우면 연기가 나지? 하지만 항상 연기가 나는 것은 아니야. 물질이 빛이나 열을 내면서 타는 걸 조금 어려운 말로 '연소'라고 해. 그리고 연소에는 '완전 연소'와 '불완전 연소'가 있는데, 완전히 타는 '완전 연소'일 경우에는 연기가 나지 않아. 나무나 짚 같은 것을 태울 때 연기가 나는 이유는 불완전 연소이기 때문이야. 그럼, 불완전 연소가 뭐냐고?
불이 붙기 위해서는 타는 물질과 산소 그리고 열이 있어야 하거든.
그런데 이때 산소나 열이 충분하지 않으면 불완전 연소가 일어나는 거야.
완전 연소일 때는 연기 말고 이산화탄소와 수증기(물)가 나와.

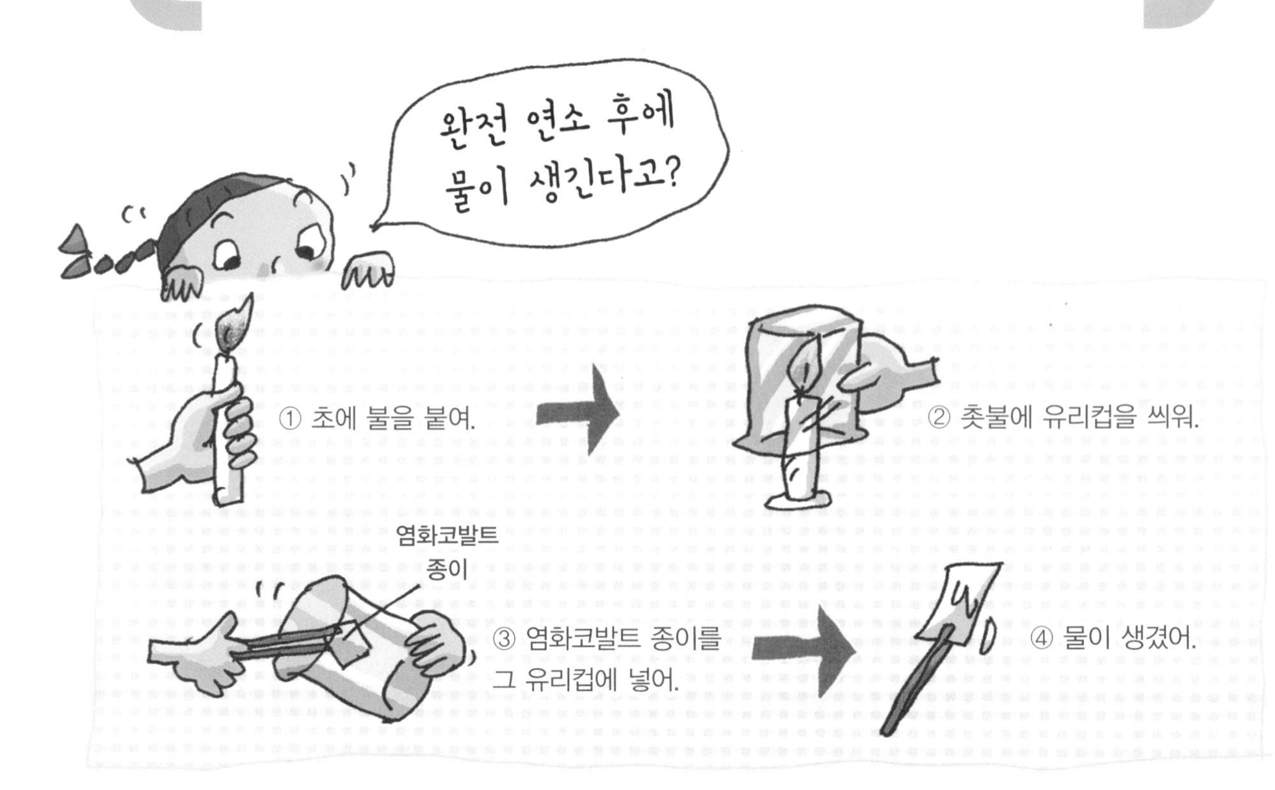

조상들의 지혜가 돋보이는 구들장

옛날에는 구들장을 이용한 방을 만들어 사용했어.
온돌이라고 많이 들어봤지? 온돌이 바로 구들장을 이용한 거야.
이렇게 방을 만들면 아궁이가 가까운 아랫목은 따뜻해서
밖에 나갔다 들어와 언 몸을 녹이기에 좋았지.
그리고 따뜻한 밥을 아랫목 이불에 덮어 놓고 늘 따뜻한 밥을 먹곤 했어.
이렇게 구들장은 과학적으로도 뛰어난 우리의 전통 기술이란다.

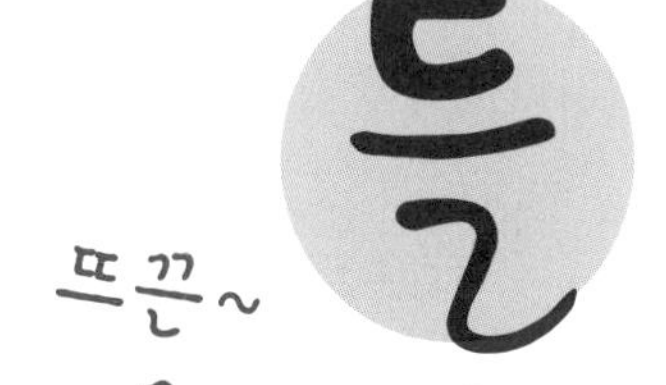

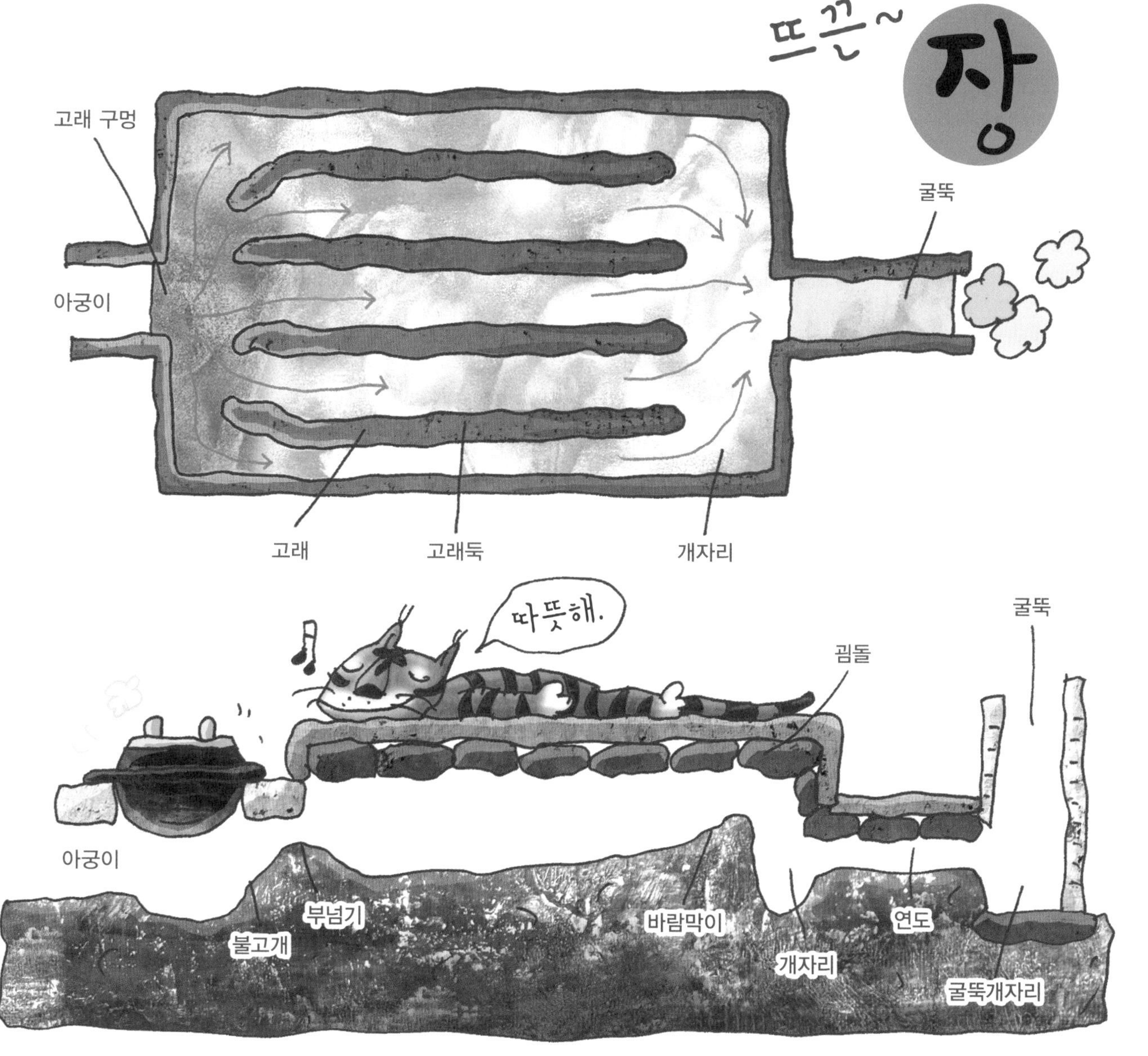

이렇게 벼를 넣으면 쌀이 되어 나와.

부우우웅~

빼딱하게 보는 과학

벼가 쌀로 만들어지기까지

옛날에는 방아를 이용했지만 지금은 여러 가지
기계로 복잡한 과정을 거쳐 곡식이나 쌀을 찧거나 빻아.
벼에서 쌀이 나오는 것은 알고 있지?
벼의 왕겨층, 미강층 및 배아를 없애고
전분층만을 남겨서 만들어지는 것이 바로 쌀이야.
이렇게 쌀로 만드는 것을 '도정'이라고 해.

도정 과정이야.

벼 → **정선**(풀이나 돌을 골라냄) → **탈부**(현미기에 의해 벼의 왕겨 부분이 깎임)
→ **현미 분리**(완전히 탈부되지 않은 벼는 현미기로 돌려보내고,
탈부된 현미는 정백 과정으로 보냄) → **정백**(현미를 둘러싼 강층을 벗겨냄) → **쌀**

전통 농기구들
써레
흙을 부수거나 판판하게 고를 때
절구
곡식을 빻거나 찧을 때
키
곡식의 쭉정이나
돌 같은 것을 고를 때
쟁기
소로 끌어 논이나 밭을 갈 때
쇠스랑
감자나 고구마 등 뿌리를 캘 때
탈곡기
벼 이삭을 떨어낼 때.
사람이 발로 페달을 밟아
원통을 돌려 벼를
털어 냈어.
곰방메
흙덩이를 부수거나
흙을 단단하게 덮을 때
풍구
곡물에 섞인 쭉정이나 겨,
먼지 등을 바람에 날려 보낼 때

거울 속의 사람들

옛날 어느 시골에 부부가 살고 있었어.
하루는 남편이 서울로 볼일을 보러 가게 됐지.
집을 나서는데 부인이 남편을 붙잡고 부탁을 하는 거야.
"여보, 서울에 가면 머리빗 하나 꼭 사다 주구려."
"머리빗? 그게 어떻게 생긴 거요?"
그러자 부인이 하늘을 가리키며
"꼭 저 하늘에 떠 있는 반달처럼 생겼으니
혹시 잊어버리거든 달을 쳐다보시구려." 하더란 말이지.
며칠이 지나 서울에서 볼일을 마친 남편은
아내가 부탁한 것이 생각났어.
그런데 무엇을 사다 달라고 했는지 기억이 안 나는 거야.
그러다가, 밤하늘에 떠 있는 달을 쳐다보라던 말이 떠올랐지.
그런데 집을 떠난 지가 벌써 열흘이 지난 거야.
그래서 그땐 반달이었던 게 글쎄 보름달이 되었지 뭐야.
'옳지, 저렇게 달처럼 둥그렇게 생긴 것을 사면 되겠군.'

남편은 시장을 기웃거리며 보름달같이 생긴 것을 찾았지.

"이보시오, 주인장. 여인네들이 쓰는 물건 중에 둥글게 생긴 것이 있소?"

"아, 물론 있습죠. 여기 이것입니다."

가게 주인은 둥근 거울을 곱게 싸서 내밀었어.

남편은 두말 않고 거울을 사 가지고 집으로 돌아왔어.

부인이 반갑게 맞으며

"여보, 내가 사 오라고 한 머리빗 사 왔수?"

아내가 물으니 남편은 보란 듯이 둥근 거울을 쓰윽 내밀었지.

"자, 여기 달같이 생긴 것을 사 왔으니 보시오."

아내가 거울을 받아 보니 생전 처음 보는 물건이라.

이리 보고 저리 보고 뒤집어도 보아도

도통 이 물건이 무엇인지 모르겠는 거야.

에구머니나!

그러다 얼핏 거울을 들여다보게 되었어.

그런데 달덩이같이 어여쁜 여자가 그 안에 있는 것이 아니겠어.

"아이고, 이 양반이 서울에서 젊은 첩을 얻어 가지고 왔네!"

부인은 울고불고 야단이 났어.

안방에 있던 시어머니가 무슨 일인가 하고 나왔어.

"어머니, 글쎄 이 양반이 서울에서 첩을 데려 왔지 뭐예요!"

"뭐라고? 그게 무슨 말이냐?"

시어머니가 거울을 받아 보니, 그 속에는 다 늙어 빠진 할멈이 들어 있는 거야.

"아니, 아범아! 첩을 얻으려면 젊은 것을 얻어야지,

어찌 다 늙어 빠진 할망구를 데리고 왔냐?"

이때 밖에서 일을 하던 시아버지가 떠드는 소리를 듣고 들어왔어.

"무슨 일 있냐? 왜 이리 소란스러워?"

"영감! 이것 좀 보슈. 아범이 다 늙은 첩을 하나 데려왔지 뭐유."

톡톡 과학 양념

거울의 원리

거울의 원리는 빛의 반사를 이용한 거야. 물체에서 나온 빛이 거울에 반사되어 우리 눈으로 들어오는 거지.

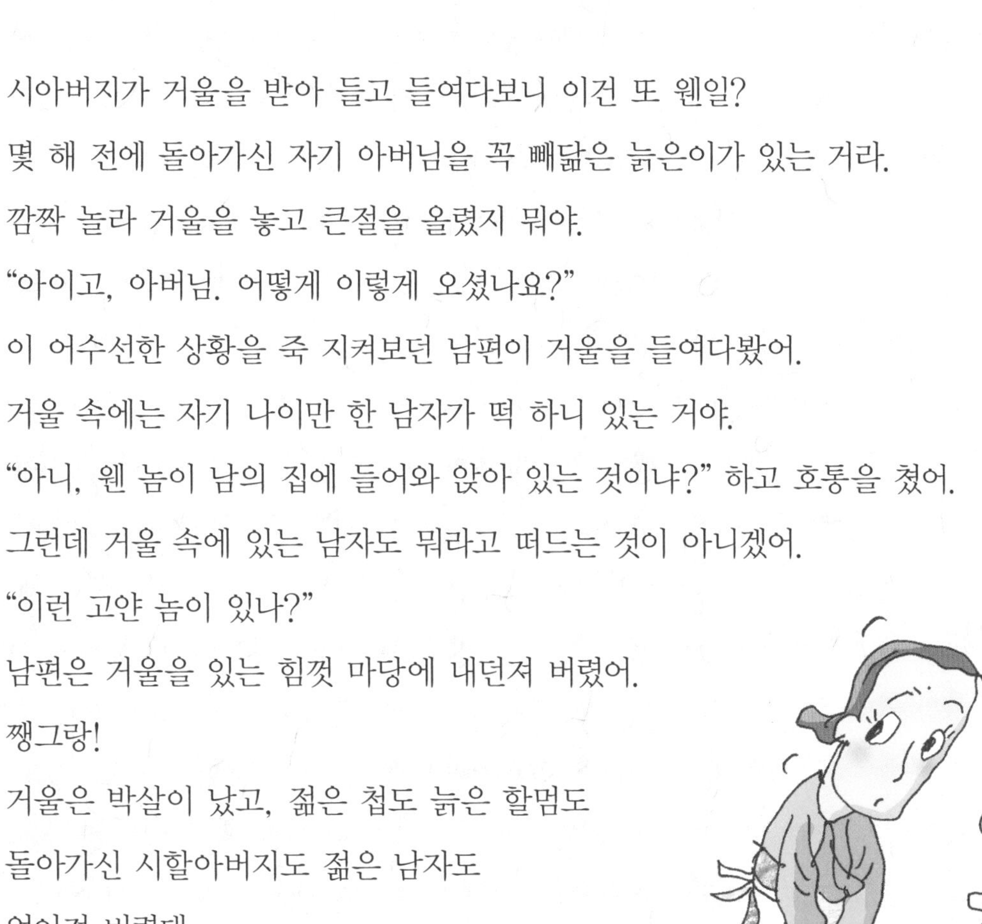

시아버지가 거울을 받아 들고 들여다보니 이건 또 웬일?

몇 해 전에 돌아가신 자기 아버님을 꼭 빼닮은 늙은이가 있는 거라.

깜짝 놀라 거울을 놓고 큰절을 올렸지 뭐야.

"아이고, 아버님. 어떻게 이렇게 오셨나요?"

이 어수선한 상황을 죽 지켜보던 남편이 거울을 들여다봤어.

거울 속에는 자기 나이만 한 남자가 떡 하니 있는 거야.

"아니, 웬 놈이 남의 집에 들어와 앉아 있는 것이냐?" 하고 호통을 쳤어.

그런데 거울 속에 있는 남자도 뭐라고 떠드는 것이 아니겠어.

"이런 고얀 놈이 있나?"

남편은 거울을 있는 힘껏 마당에 내던져 버렸어.

쨍그랑!

거울은 박살이 났고, 젊은 첩도 늙은 할멈도

돌아가신 시할아버지도 젊은 남자도

없어져 버렸대.

정반사와 난반사

바람이 불지 않아 움직임 없는 잔잔한 호수에 아름다운 풍경이
그대로 비친 것을 본 적 있니? 마치 거울처럼 말이야.
그건 호수로 들어온 빛이 정반대 방향으로 반사되었기 때문이야.
빛은 똑바로 가는 성질이 있는데, 겉이 매끄러운 면에 닿으면 들어올 때와
정반대 방향으로 꺾여서 나가게 되거든. 그럼 우리가 거울로 얼굴을 보는 것과 같이
어떤 것의 모습이 그대로 비쳐 보이게 돼. 이것을 '정반사'라고 해.
하지만 호수에 바람이 불면 겉이 울퉁불퉁 거칠어져.
그러면 물에 비치는 풍경도 일그러져서, 원래의 모습과 다르게 보이지.
빛은 울퉁불퉁한 면에 닿으면 들어온 방향과 상관없이 마음대로 꺾여서 나가.
그러면 원래의 모습과는 다르게 찌그러져 보이는 거야. 이것을 '난반사'라고 해.

오목거울과 볼록거울

우리가 집에서 쓰는 거울은 대부분 겉이 평평해. 하지만 겉이 평평하지 않고
오목하게 들어가거나 볼록하게 나온 거울도 있어. 바로 오목거울과 볼록거울이야.

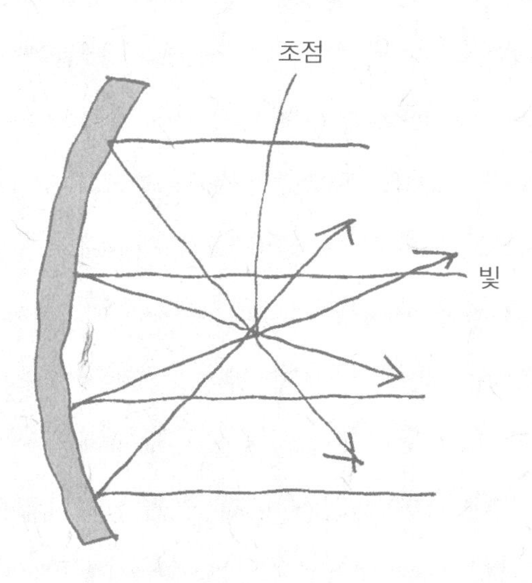

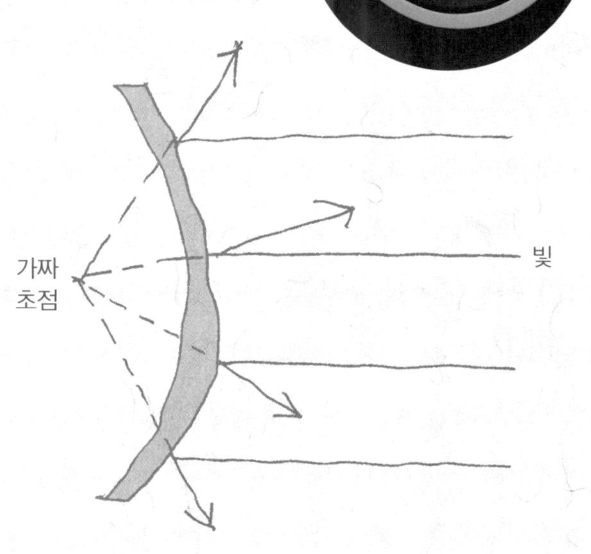

오목거울

오목거울은 가까이에 있는 물체를 실제보다
크게 보이도록 해 줘. 그리고 빛을 한 점(초점)에
모이게 하지. 치과에서 의사 선생님이 쓰는 거울이
바로 오목거울이야. 별을 볼 때 쓰는
천체 망원경에도 쓰여. 빛을 모아야 하기 때문이야.

볼록거울

볼록거울은 물체를 실제보다 작게 보이도록 해 줘.
그리고 빛을 퍼지게 하지. 그래서 초점이 없어.
하지만 볼록거울에 비친 모습은 마치 거울 안쪽
한 점(가짜 초점)에 모였다가 나오는 것처럼 보여.
굽은 도로에 세워져 있는 거울이 바로 볼록거울이야.

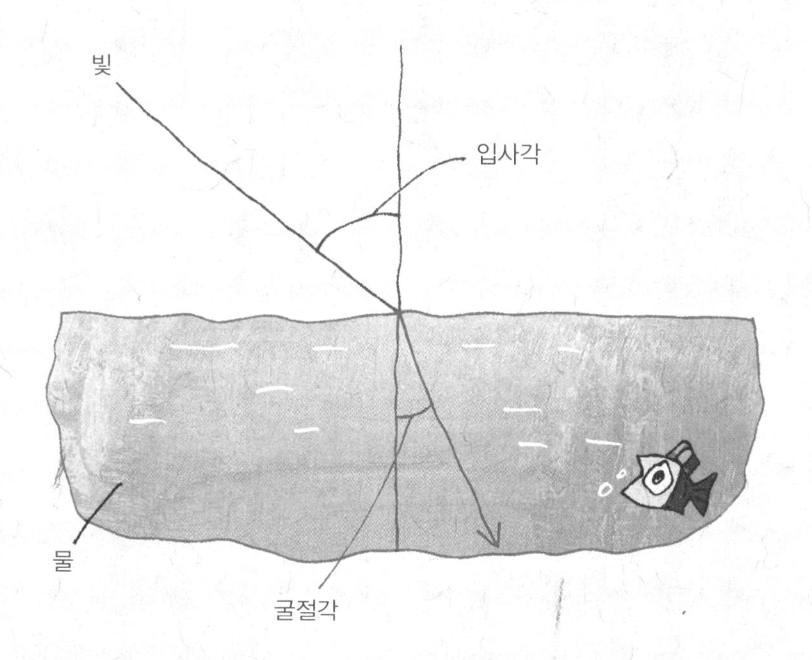

빛의 굴절

목욕탕에 들어가기 전에 먼저
다리만 담가 봐. 그럼 물속에
잠겨 있는 다리가 꺾인 것처럼
보일 거야. 그건, 빛이 나아가는
방향이 휘어져 꺾였기 때문이야.
빛은 물질에 따라 나아가는
속도가 달라. 즉, 공기 중의 빛의
속도와 물속에서의 빛의 속도가
다르기 때문에 공기와 물이 만나는
부분에서는 다리가 꺾인 것처럼
보이는 것이야. 이러한 현상을
'빛의 굴절'이라고 해.

삐딱하게 보는 과학

물체는 어떻게 해서 보일까?

우리가 어떤 물건을 보려면 어떤 과정을 거쳐야 할까?
빛이 눈의 수정체를 통과해서 망막에 와 닿으면
보는 감각을 담당하는 시각 신경이 자극을 받아 대뇌로 전달하는 거야.
지금은 주로 필름이 없는 디지털 카메라를 사용하지만,
필름을 이용하는 필름 카메라는 사람의 눈과 매우 비슷한 작용을 해.

구분	빛의 굴절	빛의 양 조절	상이 맺히는 곳	빛의 차단
눈	수정체	홍채	망막	눈꺼풀
필름 카메라	렌즈	조리개	필름	셔터

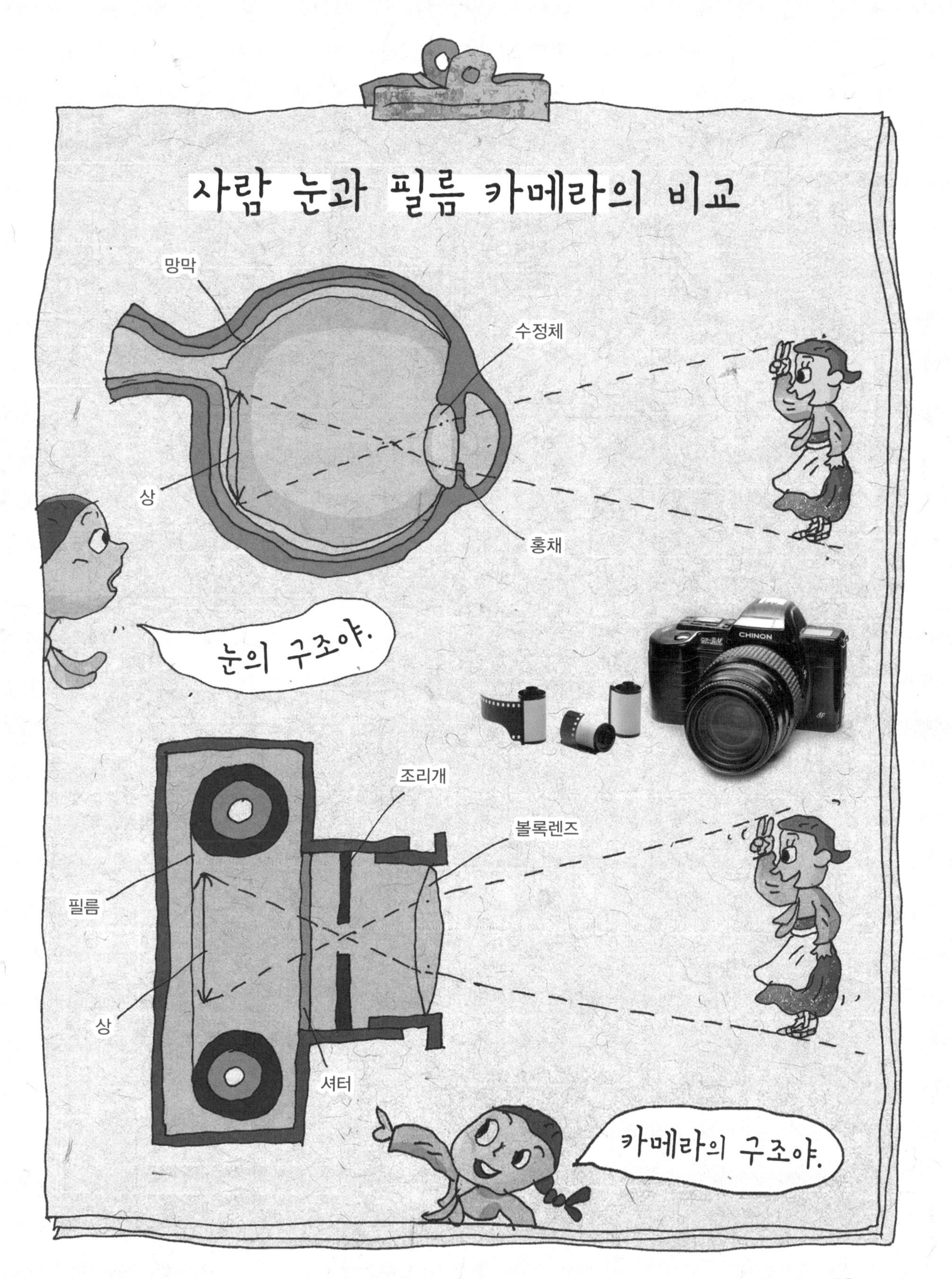
사람 눈과 필름 카메라의 비교
망막
수정체
상
홍채
눈의 구조야.
CHINON
조리개
볼록렌즈
필름
상
셔터
카메라의 구조야.

수탉과 돼지

아주 오랜 옛날, 하늘 나라에 수탉과 돼지가 살고 있었어.
돼지는 수탉에게 자기의 잘생긴 코를 자랑하며 항상 잘난 척만 하고 다녔지.
그때는 돼지 코가 지금처럼 납작하지 않았거든.

"수탉아, 나보다 잘난 코 본 적 있니?"

"아니, 네 코보다 잘생긴 코는 본 적이 없어."

마음씨 상냥한 수탉은 돼지가 물어 볼 때마다 항상 칭찬을 해 주었어.

어느 날, 하늘 나라의 왕은 사람들을 도와주라며
수탉과 돼지를 땅으로 내려 보냈어.
"흥, 잘생긴 나보고 사람들이나 도와주라고?"
땅에 도착한 돼지는 씩씩거리며 불평을 늘어놓았어.
하지만 마음씨 착한 수탉은 사람들을 도와줄 궁리를 했어.
옛날에는 시계가 없어서 사람들이
날이 밝았는데도 늦잠을 자는 일이 많았거든.
'그래, 늦잠을 자는 사람들을 깨워 주는 일을 하는 거야.'

다음 날, 수탉은 아침 일찍 일어나 높은 곳으로 올라갔어.

그러고는 목을 길게 뽑고 힘차게 울었어.

“꼬끼오! 꼬끼오!”

사람들은 수탉의 울음소리를 듣고 아침 일찍 일어나 일터로 가 일을 했어.

일찍 깨워 준 수탉에게 고마워하면서 말이야.

톡톡 과학 양념

수탉일까? 암탉일까?

먼동이 틀 때 ‘꼬끼오’하며 울어 대는 닭은 수탉이야. 수탉은 암탉보다 볏이 더 붉고 길어. 수염처럼 턱에 늘어진 볏도 있지. 볏이 붉고 진한 수탉일수록 힘도 더 세고 건강해.

하지만 게으르고 자기 자랑만 하는 돼지는
하는 일 없이 매일 잠만 자고 빈둥빈둥 놀기만 했지.
이 모습을 본 하늘 나라의 왕은 돼지와 수탉을 불러들였어.
그리고 수탉에게 말했지.
"너는 사람들이 아침 일찍 일어나게 도와주었으니 상을 주겠다."

꾹~!

왕은 수탉에게 멋진 왕관을 씌워 주었어.
그리고 돼지에게는
"너처럼 게으르고 먹기만 하는 녀석에게는 예쁜 코가 어울리지 않아."
하면서 코를 꾹 눌러 버렸어.
"아이고, 잘생긴 내 코가 납작코가 되었네."
돼지는 납작하게 눌려 버린 코를 잡고 엉엉 울며 후회했지만 소용없었어.
그때부터 수탉은 머리에 왕관처럼 멋진 볏을 갖게 되었고,
돼지 코는 지금처럼 납작해졌대.

이야기 속 숨은 과학

햇빛이 쨍쨍 해시계

해시계는 시간에 따라 움직이는 태양의 위치로 시간을 알 수 있게 만든 시계야. 지구는 스스로 도는 자전을 하면서 태양 주위를 도는 공전을 하고 있거든. 그래서 우리가 보기에는 마치 태양이 움직이는 것처럼 보여.
인류 최초의 시계는 해시계라고 해. 해시계는 막대기 하나로도 쉽게 만들 수 있어. 땅에 긴 막대기를 꽂아 놓으면, 시간에 따라서 그림자의 길이와 위치가 달라져. 그걸로 시간과 절기를 알 수 있는 거야. 우리나라의 대표적인 해시계는 세종대왕 때 장영실, 이천 등이 만든 '앙부일구'야. '앙부'는 솥이 하늘을 보고 있다는 뜻이고 '일구'는 해시계란 뜻이야. 생김새에 어울리는 이름이지?

물이 똑똑 물시계

간단하게 만들 수 있는 해시계지만,
날이 흐리거나 비가 오면 해가 보이질 않아서 해시계가 소용이 없겠지?
이럴 때 대신 사용되던 것이 바로 물시계야.
그릇에 구멍을 뚫어 나오는 물의 양으로 시간을 재.
우리나라의 대표적 물시계 또한 세종대왕 때 장영실이 만들었어.
'자격루'라는 것인데, 처음에는 눈금을 읽어 물의 양을 재고 시간을 알았지만,
나중에는 자동으로 시간을 알려주는 장치를 했다고 해.

빼딱하게 보는 과학

그때그때 다른 시간

지구는 태양 주위를 도는 공전을 하면서 스스로 도는 자전을 하고 있다고 했어. 지구가 스스로 한 바퀴를 도는 데에 드는 시간은 24시간이야. 하루인 거지.
한 바퀴, 즉 360도를 도는 데에 24시간이 걸리니까, 1시간에 15도를 돈다고 볼 수 있어.
그래서 세계의 시간은 15도마다 1시간씩 차이가 나. 이것을 '시차'라고 해. 세계 시간의 기준점은 영국에 있는 그리니치 천문대야.

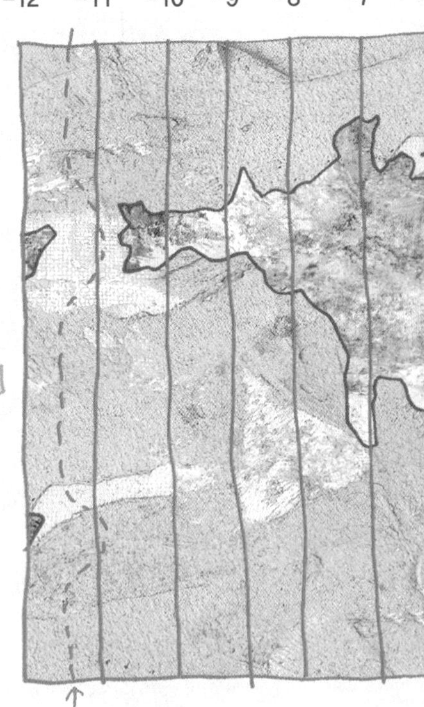

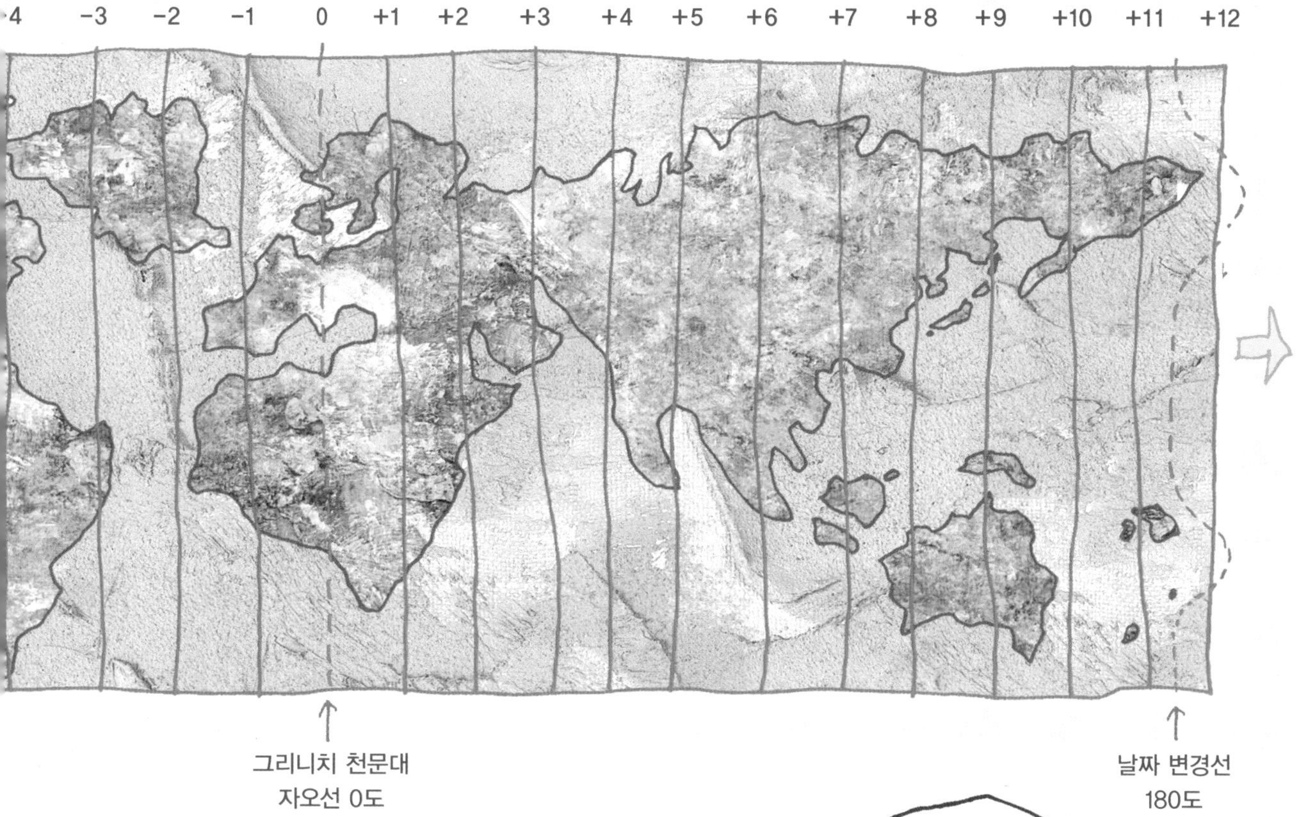

-4 -3 -2 -1 0 +1 +2 +3 +4 +5 +6 +7 +8 +9 +10 +11 +12

그리니치 천문대
자오선 0도

날짜 변경선
180도

시간도 바뀌고 날짜도 바뀌고

시간뿐 아니라 날짜도 차이나도록 되어 있어.
세계 지도를 보면 날짜 변경선이라는 것이 있어. 이 선을 경계로 날짜가 바뀌는 것으로 하자고 약속한 거야. 날짜 변경선은 직선이 아니야. 사람이 살고 있는 육지를 피해서 만들었기 때문에 지그재그로 그어져 있기도 해.

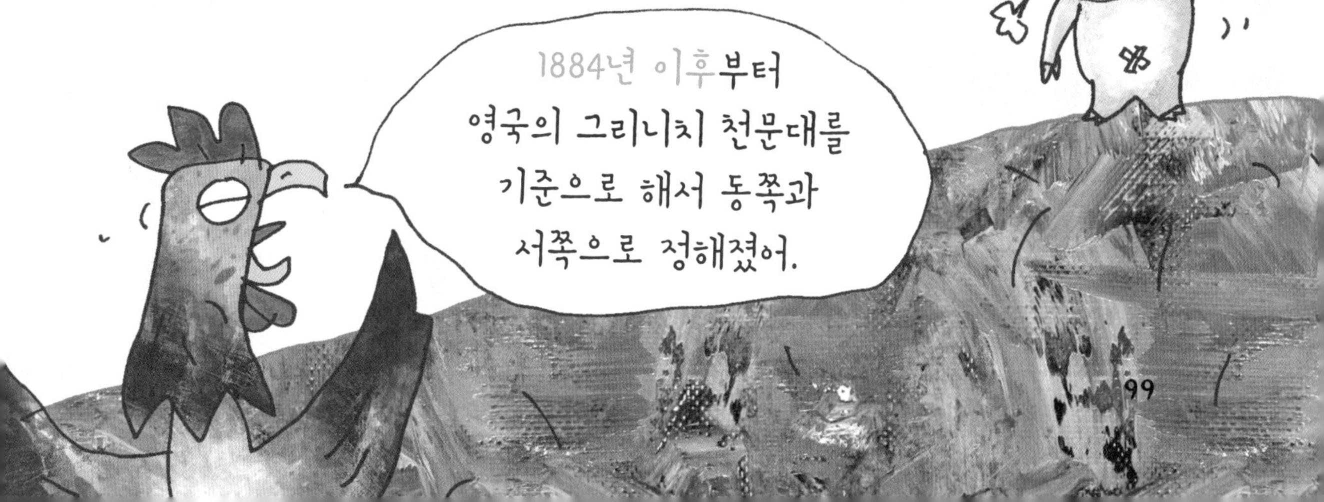

동쪽으로 한 칸씩 갈 때마다 한 시간씩 빨라져.

1884년 이후부터 영국의 그리니치 천문대를 기준으로 해서 동쪽과 서쪽으로 정해졌어.